My sweet Christmas

Süße Ideen für deine Weihnachtsbäckerei

Kim-Joy

My sweet Christmas

Süße Ideen für deine Weihnachtsbäckerei

Kim-Joy

FOTOS: ELLIS PARRINDER
ILLUSTRATIONEN: LINDA VAN DEN BERG

Inhalt

Vorwort

Was wäre Weihnachten ohne Gebäck? Jedes Jahr genießen wir an den Festtagen herrliche Leckereien. In diesem Buch präsentiere ich traditionelles Lieblingsgebäck in Geschmacksrichtungen, die jeder kennt und liebt, aber auch einige ungewöhnlichere Rezepte, denn ich freue mich sehr, wenn ich zu Weihnachten warme Socken geschenkt bekomme, aber ich freue mich auch über unerwartete Überraschungen, zum Beispiel eine Fahrt mit einer Dampflok. Das Ausprobieren eines Rezepts ist wie das Auspacken eines Geschenks an meine Leser. Freuen Sie sich auf köstliche Überraschungen.

Wie in meinem letzten Buch habe ich mir auch diesmal große Mühe gegeben, dass alle Plätzchen und Kuchen nicht nur fantastisch schmecken, sondern auch toll aussehen. Entdecken Sie freche Trolle, schläfrige Schaumzuckerseehunde, vorwitzige Weihnachtmäuse, schmelzende Schneemänner, freche Polarfüchse und noch viel mehr. Den Charakter Ihrer Kreationen bestimmen Sie allerdings selbst. Die farbenfrohen Abbildungen machen gute Laune und Lust darauf, gleich mit dem Backen loszulegen.

Einige Rezepte sind für Einsteiger besonders gut geeignet. Überlegen Sie, was Sie am liebsten backen: Plätzchen, Kuchen, Baisers, süße Brote und Brötchen oder anderes Kleingebäck. Blättern Sie das Buch durch, um Rezepte zu entdecken, die Sie sich zutrauen (und die Ihnen voraussichtlich schmecken). Starten Sie mit einfacheren Rezepten und steigern Sie sich allmählich. Alle Rezepte sind Schritt für Schritt erklärt, und Sie können selbst entscheiden, ob Sie sich die Zeit für die vollständige Dekoration nehmen wollen oder das Gebäck lieber frisch aus dem Ofen naschen wollen. Es ist nicht schlimm, wenn Ihre Kreationen beim ersten Mal nicht ganz perfekt gelingen, denn der Geschmack leidet darunter zum Glück nicht.

Ich habe schon in meinem letzten Buch berichtet, dass gerade aus Pannen manchmal großartige Gestaltungsideen entstehen – und das gilt auch für dieses Buch. Selbst wenn etwas schiefgeht, kann man das Gebäck einfach aufessen (oh, wie schrecklich!), und manche »Fehler« können sogar den Anstoß für eine ganz neue Idee geben. Seien Sie kreativ! Scheuen Sie sich nicht, die Rezepte und Dekorationen nach eigenen Vorstellungen abzuwandeln. Manche Leute halten das Backen für eine exakte Wissenschaft mit strengen Regeln. Ich sehe das nicht so eng. Es gibt viele Möglichkeiten, Einzigartiges zu schaffen.

**BETRACHTEN SIE DAS BLÄTTERN IN DIESEM BUCH ALS EINE AUSZEIT VOM ALLTAG.
UND DANN … AUF IN DIE KÜCHE! VIEL VERGNÜGEN.**

Kim-Joy

Die Temperaturen sind für einen Umluftofen angegeben. Für einen Backofen ohne Umluft die Temperatur um 10–20 °C höher einstellen.

Plätzchen

Mürbeplätzchen

Diesen Teig können Sie dünn ausrollen und dann nach Belieben Plätzchen ausstechen. Weil er viel Fett enthält, sind die Plätzchen aber recht zerbrechlich. Anfänger sollten sich auf einfache Ausstecher beschränken und keine zu kleinteiligen Formen wählen.

Sie können den Teig ganz nach Geschmack aromatisieren. In die Adventszeit passen Orangen- oder Zitronenschale, Muskatnuss, Zimt, Ingwer, Kardamom, Bittermandelaroma oder Pfefferminzaroma (toll zu dunkler Schokolade!) am besten.

ERGIBT 24–30 STÜCK

200 g gesalzene Butter, zimmerwarm
85 g Zucker
200 g Mehl, plus etwas mehr zum Arbeiten
70 g feiner Grieß

1 / Ein Backblech, das in den Kühlschrank passt, mit Backpapier oder einer Silikonmatte auslegen. Butter und Zucker in einer großen Schüssel schaumig schlagen.

2 / Mehl und Grieß zugeben und kurz unterrühren. Der Teig soll geschmeidig und formbar sein. Ist er zu klebrig, den Teig in Frischhaltefolie wickeln und 10–15 Minuten kühlen, damit er fester wird und sich leichter ausrollen lässt.

3 / Den Teig auf einer bemehlten Arbeitsfläche 3 mm dick ausrollen. Formen nach Wunsch ausstechen oder mithilfe von Schablonen ausschneiden und auf das vorbereitete Backblech heben.

4 / 15 Minuten in den Kühlschrank stellen. Den Backofen derweil auf 160 °C vorheizen.

5 / 10–15 Minuten backen, bis die Ränder hellbraun werden. 10 Minuten auf dem Backblech abkühlen lassen, dann vorsichtig auf ein Küchengitter legen und abkühlen lassen. Die Plätzchen können unverziert bleiben, einfach mit Puderzucker bestäubt oder mit Zuckerguss (Seite 15ff.) glasiert werden.

Vegane Mürbeplätzchen

Kaum zu glauben, dass dieser Teig vegan ist! Seinen buttrigen Geschmack verdankt er dem Kokosöl. Weil er wenig Zucker enthält, eignet er sich besonders gut zum Glasieren mit Zuckerguss. Wenn die Plätzchen nicht glasiert werden sollen, bestreuen Sie sie vor dem Backen mit etwas weißem oder braunem Zucker. Sie können auch 20–40 g mehr Zucker an den Teig geben, dadurch werden die Plätzchen jedoch nicht ganz so knusprig.

ERGIBT 24–30 STÜCK

225 g Mehl, plus etwas mehr zum Arbeiten
130 g natives Kokosöl (geschmeidig)
40 g Zucker
30–50 ml kaltes Wasser

1 / Ein Backblech, das in den Kühlschrank passt, mit Backpapier oder einer Silikonmatte auslegen. Das Mehl in eine große Schüssel geben. Das weiche Kokosöl zugeben und mit den Fingern untermischen. Den Zucker zufügen. Nur so viel kaltes Wasser zugeben, dass sich der Teig zu einer Kugel formen lässt.

2 / Den Teig auf einer bemehlten Arbeitsfläche 3–5 mm dick ausrollen. Formen ausstechen oder mithilfe von Schablonen ausschneiden und auf das vorbereitete Backblech heben. Das komplette Backblech 15 Minuten in den Kühlschrank stellen. Den Backofen derweil auf 160 °C vorheizen.

3 / 10–15 Minuten backen, bis die Ränder hellbraun werden. 5 Minuten auf dem Backblech abkühlen lassen, dann auf ein Küchengitter legen und ganz abkühlen lassen.

Spekulatius

In Belgien isst man diese *speculoos* genannten Plätzchen in der Zeit vor dem Nikolaustag (6. Dezember), aber sie schmecken auch zu anderen Jahreszeiten zu einer Tasse Tee oder einfach solo. Traditionell wird für das Rezept Cassonade verwendet, der in Bioläden erhältlich ist. Diese Kandismelasse gibt den Plätzchen ihr feines Karamellaroma. Ersatzweise kann anderer brauner Zucker verwendet werden, dann fällt der Karamellgeschmack nicht ganz so intensiv aus.

ERGIBT 30–40 STÜCK

250 g gesalzene Butter (ersatzweise vegane Butter, möglichst mit 80 % Fett)
250 g Cassonade oder hellbrauner Zucker oder Rohrohrzucker
¾ TL gemahlener Zimt
¼ TL gemahlene Muskatnuss
⅛ TL gemahlener weißer Pfeffer
⅛ TL gemahlene Gewürznelken
⅛ TL gemahlener Kardamom
1 Prise gemahlener Anis
¼ TL Natron
½ Ei (oder 2 EL Aquafaba)
350 g Mehl (oder glutenfreies Mehl mit ⅓ TL Xanthan)

1 / Ein Backblech mit Backpapier oder einer Silikonmatte auslegen und beiseitelegen. Butter und Zucker in einer Küchenmaschine mit dem Schneebesen hell und schaumig aufschlagen. Zwischendurch mehrmals die Masse von der Schüsselwand schaben.

2 / Alle Gewürze, Natron und Ei oder Aquafaba zugeben und einige Sekunden gründlich unterrühren.

3 / Die Schüssel aus der Küchenmaschine nehmen. Das Mehl hineingeben und mit den Händen unter die Butter-Zucker-Mischung kneten. Zur Kugel formen.

4 / Den Teig knapp 3 mm dick ausrollen und beliebige Formen ausstechen. Auf das vorbereitete Backblech legen und 20 Minuten in den Kühlschrank stellen.

5 / Den Backofen auf 180 °C vorheizen.

6 / Die Plätzchen etwa 15 Minuten backen, bis die Ränder gerade eben braun werden. Auf einem Küchengitter abkühlen lassen.

Hinweis: Aquafaba ist das Kochwasser von Bohnen, Kichererbsen oder anderen Hülsenfrüchten.

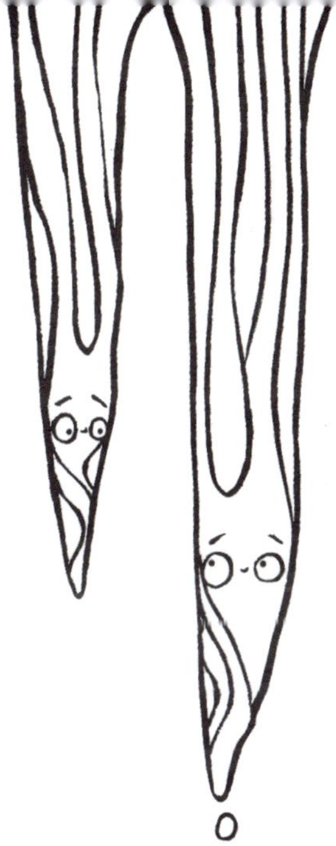

Ingwerplätzchen

Dieser Teig ist eine gute Alternative zu Spekulatius und eignet sich ebenfalls für ein süßes Knusperhaus.

ERGIBT 30–40 STÜCK

150 g gesalzene Butter
120 g brauner Zucker
2 TL Treacle oder dunkler Rübensirup
2 EL verquirltes Ei
2 EL gemahlener Ingwer
¾ EL gemahlener Zimt
¼ TL gemahlene Gewürznelken
225 g Mehl

1 / Ein Backblech mit Backpapier oder einer Silikonmatte auslegen. Butter, Zucker und Sirup mit den Schneebesen des Mixers auf hoher Stufe schaumig schlagen. Verquirltes Ei und die Gewürze zufügen und kurz unterrühren.

2 / Das Mehl zugeben und mit den Händen unterkneten. Den Teig auf einer bemehlten Arbeitsfläche so dünn wie eine Münze ausrollen. Beliebige Formen ausstechen oder ausschneiden, auf das vorbereitete Backblech legen und 15 Minuten kühlen. Den Backofen auf 170 °C vorheizen.

3 / Die Plätzchen 10–12 Minuten backen, bis sie gerade eben Farbe annehmen. 10 Minuten auf dem Backblech ruhen lassen, dann vorsichtig auf ein Küchengitter legen und ganz abkühlen lassen.

Hinweis: Treacle ist typisch für die englische Küche und in einem britischen Shop erhältlich.

Plätzchen verzieren – Tipps & Ideen

ZUCKERGLASUR

In Bezug auf die Konsistenz von Zuckerglasur hat jeder seine Vorlieben. Ich arbeite am liebsten mit der »15-Sekunden-Glasur«: Nach dem Durchrühren der Mischung wird die Oberfläche innerhalb von 15 Sekunden wieder ganz glatt. Diese Konsistenz eignet sich für Konturen UND zum Ausfüllen, man braucht also keine zweite Glasur anzurühren. Da man beim Backen wahrscheinlich keine Stoppuhr benutzt, sondern einfach nur zählt, sind diese 15 Sekunden kein exakter Wert. Da hilft nur Ausprobieren, um ein Gefühl für die richtige Konsistenz zu bekommen. Mein Rezept auf der folgenden Seite hat ungefähr die richtige Konsistenz, eignet sich also als gute Basis.

Lassen Sie sich Zeit! 15 Sekunden sind länger als man denkt.

ZUCKERGLASUR: DAS REZEPT

Die Menge reicht für eine stattliche Anzahl Plätzchen.

40 g Eiweiß (ersatzweise Aquafaba für Veganer)
225 g Puderzucker
zusätzliches Eiweiß (oder Aquafaba) und Puderzucker zum Erzielen der richtigen Konsistenz

HILFSMITTEL
Zahnstocher
Lebensmittelfarbstifte
dünne Pinsel
essbares Glitzerpulver & Wodka
Lebensmittelfarben

Eiweiß oder Aquafaba und Puderzucker mit den Schneebesen der Küchenmaschine oder mit dem Handmixer glattrühren. Dann auf hoher Stufe schlagen und winzige Mengen Puderzucker oder Eiweiß / Aquafaba zugeben, bis die gewünschte Konsistenz erreicht ist. Das war's auch schon! Nach Belieben mit Lebensmittelfarbe einfärben.

EINWEGSPRITZBEUTEL

Ohne gute Einwegspritzbeutel geht es nicht. Sie sollten keine Naht haben, denn die kann beim Spritzen stören. Für Konturen und feine Details wird vom Spritzbeutel nur eine winzige Ecke abgeschnitten. Zum Ausfüllen darf die Öffnung größer sein (je nach Größe der auszufüllenden Fläche). Spritztüllen sind mühsam zu reinigen und werden zum Glück nicht benötigt. Falls Sie einmal zu viel von der Spitze abschneiden, stecken Sie den Spritzbeutel einfach in einen neuen und schneiden von diesem eine kleinere Ecke ab.

VORBEREITUNG, PLANUNG UND SCHICHTEN

Konturen, die gespritzt werden sollen, zeichnet man am besten auf den Plätzchen vor. Sinnvoll ist auch, sich die Farbverteilung zuerst zu überlegen, die Glasuren vor dem Dekorieren anzurühren und in Spritzbeutel zu füllen.
Wenn ich noch nicht weiß, welche Farben ich verwenden will, rühre ich eine Portion weiße Glasur an und färbe sie später ein. Wichtig ist, die Schüssel mit Frischhaltefolie abzudecken, weil sich auf der Glasur schnell eine störende Kruste bildet.

Eine ungefähre Idee genügt zu Beginn. Manche Entscheidungen fallen erst während der Arbeit.

Vorausschauende Planung ist wichtig, wenn mehrere Schichten Glasur aufgetragen werden sollen. Manchmal müssen die Schichten zwischendurch trocknen, also muss die Wartezeit einkalkuliert werden. Nehmen wir an, Sie wollen mit zwei Farben nass in nass einen Sonnenuntergang gestalten, später Berge aufspritzen und zuletzt Vögel malen. Vielleicht möchten Sie auch kleine Blümchen auf ein Kleid spritzen. In solchen Fällen muss die untere Schicht trocken sein, bevor die Details folgen. Am besten stellen Sie die Plätzchen während der Wartezeit beiseite und erledigen etwas anderes oder gönnen sich eine Entspannungspause.

KONTUREN

Für Einsteiger ist es nicht so leicht, mit Glasur gerade Linien zu spritzen. Mit dem Spritzbeutel malt es sich völlig anders als mit einem Stift. Manchmal muss man drücken, dann wieder nachgeben oder den Spritzbeutel anheben. Die Sicherheit kommt mit der Übung.

AUSFÜLLEN

Wenn die Umrisse mit Glasur gezeichnet sind, können die Flächen ausgefüllt werden. Das ist einfach, denn die Konturen verhindern, dass die Glasur zu weit fließt. Mit einem Zahnstocher können Sie die Glasur in feine Ecken und Winkel verteilen oder Bläschen beseitigen, bevor die Glasur fest wird.

NASS IN NASS

Hierbei werden zwei nasse Glasuren mit einem Zahnstocher manipuliert. Dabei entstehen interessante Effekte. Die Technik eignet sich für Tupfen, Herzen, Blumen und weiche Farbübergänge (z. B. Sonnenuntergang, Himmel, Meer, Feuer).

MALEN AUF ZUCKERGLASUR

Wenn die Glasur ganz getrocknet ist (4–6 Stunden, besser über Nacht), kann man auf ihr mit Lebensmittelfarben oder Glitter, der mit Wodka angerührt wurde (verdunstet schneller als Wasser) malen. Denkbar ist auch, sie mit Glitterpulver zu bestreuen oder mit Lebensmittelstiften weiter zu verzieren. Bei der Wahl der Muster oder Motive haben Sie die freie Wahl. Auf Plätzchen ist alles erlaubt.

Kuchen

Matcha-Biskuitrolle Typ »Bambus« mit Pandas

Der kritische Moment bei allen Biskuitrollen ist das Aufwickeln, denn dabei kann der Teig reißen. Das lässt sich vermeiden, wenn man Schritt für Schritt der Anleitung folgt und den Teig rollt, solange er noch warm ist (nicht vergessen, vorher die ganz trockenen Ränder gerade abzuschneiden). Die Pandas passen perfekt zu der Bambusoptik der Biskuitrolle. Man kann sie zwar weglassen, aber sie sehen niedlich aus und eignen sich sehr gut, um Unregelmäßigkeiten im Teig zu kaschieren.

FÜR 8 PERSONEN

TEIG
Butter für das Blech
4 mittelgroße Eier
125g Zucker
125g Mehl mit
1½ TL Backpulver (alternativ glutenfreies Mehl mit ½ TL Xanthan und ¾ TL glutenfreies Backpulver)
2 TL Matcha (Grünteepulver)

FÜLLUNG
3–4 EL Erdbeerkonfitüre
180g Sahne mit hohem Fettgehalt
30g Puderzucker
1 TL Vanillepaste oder Vanilleextrakt

ZUM DEKORIEREN
grünes oder goldenes Band
1 Rezeptmenge Zuckerglasur (Seite 16)
schwarze Lebensmittelfarbe
10 weiße Marshmallows
Streusel, Zuckerstangen und Fondant

»Auch wenn einmal alles schiefzugehen scheint, hält das Leben manchmal bärenstarke Überraschungen bereit.«

SCHRITT 5 ▼

1 / Ein Backblech (38 x 25 cm) mit Butter einfetten und mit Backpapier auslegen. Das Papier sollte an zwei Seiten überstehen, damit sich der Teig später leicht vom Blech heben lässt. Den Backofen auf 180 °C vorheizen.

2 / Eier und Zucker mit dem Schneebesen der Küchenmaschine oder mit dem Handmixer 7 Minuten schaumig aufschlagen. Mehl mit Backpulver (oder glutenfreie Mehlmischung) und Matcha auf die Masse sieben und vorsichtig unterheben.

3 / Den Teig auf das vorbereitete Blech geben und mit einem Teigschaber verstreichen. 10 Minuten backen, bis der Teig auf Fingerdruck leicht nachgibt.

4 / Die Teigränder mit einem Messer lösen, dann den Teig mithilfe des Papiers auf ein Schneidebrett heben. Die Seitenränder gerade abschneiden. Die Teigplatte sofort mitsamt dem Backpapier aufrollen. Auf einem Küchengitter vollständig abkühlen lassen.

5 / Den vollständig abgekühlten Teig vorsichtig wieder entrollen und mit der Konfitüre bestreichen. Die Sahne mit Puderzucker und Vanillepaste steif schlagen und auf der Konfitüre verteilen. Den Teig wieder aufrollen, dabei das Backpapier nach und nach abziehen.

6 / Die Biskuitrolle auf eine Servierplatte legen und an zwei Stellen mit dem Band umwickeln, damit sie wie ein Stück Bambus aussieht. Die Knoten befinden sich unten.

7 / Zuckerglasur (Seite 16) anrühren und mit Lebensmittelfarbe schwarz färben. Gliedmaßen, Ohren und Augen der Pandas auf die Marshmallows spritzen. Damit die Pandas unterschiedlich aussehen, können einige Marshmallows kleiner zugeschnitten werden. Wer möchte, dekoriert die Pandas noch mit Streuseln, kleinen Zuckerstangen oder Details aus Fondant.

Schritt 6 ▼

Zitronen-Zimt-Marmorkuchen

Für diesen lockeren Kuchen müssen Butter und Zucker zu einem fast weißen Schaum aufgeschlagen werden. Halten Sie durch, das dauert einige Minuten. Am einfachsten ist es mit einer Küchenmaschine, aber wer Geduld hat, kann auch einen elektrischen Handmixer verwenden. Die Verzierung mit Zuckerglasur ist hier ganz einfach, und das Gestalten der Schneemänner macht viel Spaß. Wer schon etwas mehr Übung und Ehrgeiz hat, kann sich an der »Glaskugel« versuchen, die dem Kuchen etwas absolut Märchenhaftes gibt.

FÜR 8 PERSONEN

BASISTEIG
- 300 g Zucker
- 250 g weiche Butter, plus etwas für die Form
- 1 TL Salz
- 250 g Vollei (ca. 6 mittelgroße Eier)
- 350 g Mehl (alternativ glutenfreies Mehl mit 1 TL Xanthan)
- fein abgeriebene Schale von 3 Zitronen (bio)
- 1½ TL Backpulver (bei Bedarf glutenfrei)
- 200 g saure Sahne

ZIMTTEIG
- 50 g hellbrauner Zucker
- 1 EL gemahlener Zimt
- 1 TL gemahlener Ingwer
- ¼ TL gemahlene Muskatnuss

ROSMARINBÄUMCHEN
- Rosmarinzweige
- 1 Eiweiß
- Zucker

ZUCKERKUGEL
- 1 Luftballon
- 150 g Zucker
- 100 g Glukosesirup
- 35 ml Wasser
- Zuckerthermometer

ZITRONENGUSS
- 225 g Puderzucker
- 2–4 EL Zitronensaft
- weiße Lebensmittelfarbe

ZUM DEKORIEREN
- weiße Marshmallows
- Streusel (Perlen, Zuckerblümchen) nach Wahl
- schwarzer Lebensmittelstift
- Fondant oder Candy Melts in Orange
- Minibrezeln, Salzstangen

1 / Den Backofen auf 160 °C vorheizen. Eine Kranzkuchenform (2,4 Liter) großzügig mit Butter einfetten.

2 / Zucker, Butter und Salz mit dem Schneebesen der Küchenmaschine oder mit einem Handmixer sehr hell und schaumig aufschlagen.

3 / Das Vollei nach und nach (oder die Eier einzeln) zugeben und jeweils etwa 1 Minute unterrühren.

4 / Mehl (oder glutenfreie Mischung), Zitronenschale und Backpulver zugeben und nur kurz unterrühren.

5 / Die saure Sahne zügig unterheben. Nicht zu lange rühren!

6 / 300 g Teig in eine separate Schüssel füllen. Alle Zutaten für den Zimtteig zufügen und kurz unterrühren

7 / Abwechselnd mit zwei Esslöffeln Kleckse der beiden Teige in die Form geben. Danach mit einem Essstäbchen oder einer Gabel einige Wirbel durch die Teige ziehen.

8 / 50–60 Minuten backen, bis an einem mittig eingestochenen Stäbchen keine Teigreste mehr haften.

9 / Inzwischen die »Tannenbäumchen« vorbereiten. Die Rosmarinzweige in Eiweiß tauchen, dann in Zucker wälzen. Auf Backpapier legen und komplett trocknen lassen.

10 / Für die »Glaskugel« einen Luftballon mit kaltem Leitungswasser füllen und verknoten. Den Ballon mit dem Knoten nach unten auf einen Schüsselrand setzen. Die Schüssel muss kleiner als der Ballon sein, damit er nicht durch herabtropfenden Zucker an der Schüssel festklebt. Backpapier unterlegen, um herabtropfenden Zucker aufzufangen.

11 / Zucker, Glukosesirup und Wasser in einem kleinen Topf verrühren. Auf hoher Stufe erhitzen und nicht rühren, bis die Mischung 150 °C heiß ist. Bei dieser Temperatur den Topf vom Herd nehmen und die Mischung wieder auf 130–133 °C abkühlen lassen. Dabei stehen bleiben, denn es geht schnell! Die Mischung kreisförmig über den Luftballon gießen und 10–15 Minuten erstarren lassen. Den Luftballon von der Schüssel nehmen und über die Spüle halten. Den Knoten mit einer Schere abschneiden und das Wasser herauslaufen lassen (es darf die Zuckerkugel nicht berühren). Den Luftballon vorsichtig aus der Zuckerkugel ziehen. Die Kugel auf einem Stück Backpapier beiseitelegen.

12 / Den Kuchen nach dem Backen 10 Minuten in der Form abkühlen lassen, dann auf ein Küchengitter stürzen. Er sollte sich leicht aus der Form lösen. Falls nötig mehrmals kräftig auf die Form klopfen.

13 / Wenn der Kuchen abgekühlt ist, Puderzucker und Zitronensaft in einer kleinen Schüssel verrühren. Etwas weiße Lebensmittelfarbe zugeben. Dadurch wird die Glasur undurchsichtig und sieht noch mehr wie Schnee aus.

14 / Den Zuckerguss mit einem Löffel auf den Kuchen träufeln und an den Seiten herunterlaufen lassen. Die Zuckerkugel in die Mitte setzen, dahinter einige Rosmarinbäumchen platzieren. Weiße Marshmallows mit Streuseln, Lebensmittelstift, orangefarbenem Fondant oder Candy Melt, kurzen Salzstangen und kleinen Süßigkeiten nach Schneemännerart verzieren und auf dem Kuchen anordnen.

Knusperhäuser

Was wäre Weihnachten ohne Knusperhaus! Sie können einen der Teige von Seite 10–13 verwenden (die Häuser auf Seite 33 und 35 bestehen aus dickerem Spekulatius) oder mit gekauften Plätzchen oder Lebkuchenplatten kreativ werden. Auf den nächsten Seiten finden Sie Ideen für beide Varianten.

Wenn Sie gekauftes Gebäck verwenden, können Sie noch während des Bauens die Konstruktion verändert. Das ist eine gute Lösung für alle, die ihren architektonischen Fähigkeiten nicht trauen. Mit genormten »Fertigteilen« gelingt der erste Bau möglicherweise leichter!

Das Wichtigste ist, dass Sie mit Spaß und Einfallsreichtum den Umgang mit Plätzchen, Spritzbeutel, Streuseln, Schokolade und anderen Zutaten einüben und nach Lust und Laune experimentieren. Vielleicht möchten Sie auch Bewohner für Ihre Häuser ergänzen? Der Fantasie sind keine Grenzen gesetzt.

ZUTATEN

Plätzchenteig (siehe Seite 10–13, Spekulatius und Ingwerplätzchen sind schön stabil) oder gekaufte Plätzchen
Zuckerglasur (siehe Seite 16)
Zucker- und Schokostreusel und alle essbaren Dekorationen, die auch Hänsel und Gretel gefallen würden

Tipp: Wenn Sie größere, passgenaue Bauteile backen wollen, den Teig direkt auf dem Backpapier ausrollen und dort zuschneiden. Kleine Teile kann man gut von der Arbeitsfläche aufs Backblech heben, größere Teile verziehen sich dabei aber leicht. Falls die Teile doch einmal etwas aus der Form geraten, schneiden Sie sie gleich nach dem Backen – also noch warm – mit einem scharfen Messer nach.

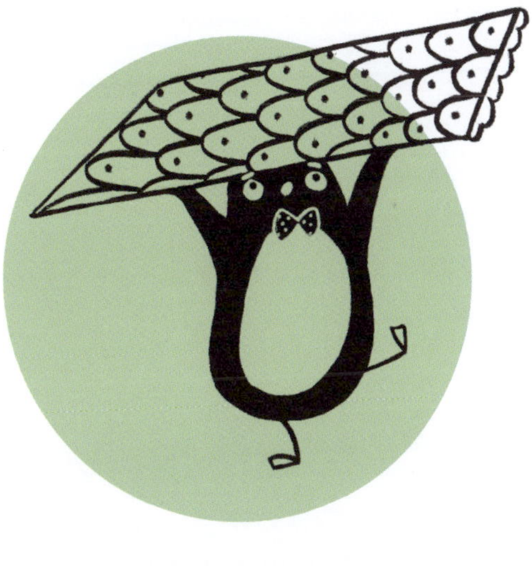

Wenn Sie die Bauteile für Ihr Häuschen selbst backen, schneiden Sie vorher Schablonen aus Pappe zu. Das ist einfacher, als es auf den ersten Blick scheint. Sie brauchen zwei identische Teile für die Seitenwände, ebenso zwei identische Teile für Vorder- und Rückwand sowie zwei gleiche Teile für das Dach – also drei Paare, die akkurat zugeschnitten werden müssen.

Nach dem Backen die Teile ganz abkühlen lassen, erst dann mit dem Zusammensetzen beginnen. Zuerst die Wände zusammenfügen, dann das Dach aufsetzen – logisch!

Als Kitt, Zement oder Fugenmasse dient Zuckerglasur (siehe Tipp und Rezept auf Seite 15/16). Sie ist leicht zu verarbeiten, und wenn etwas schief geht, kann man sie einfach abwischen. Für kleine bis mittelgroße Häuschen eignet sie sich gut. Das Dach müssen Sie aber einen Moment festhalten oder abstützen – je größer und steiler es ist, desto länger. Dieselbe Glasur kann anschließend noch zum Verzieren verwendet werden. Größere Häuser setzt man am besten mit hart trocknendem Karamell zusammen, der aber etwas schwieriger zu verarbeiten ist.

Kombinieren Sie ruhig selbst gebackene Bauteile mit gekauften Elementen, zum Beispiel Waffeln als Dachschindeln und kleinen Süßigkeiten zum Dekorieren.

Macarons &
Baisers

Perfekte Macarons

Ich setze auf italienischen Baiser, weil er zuverlässig gute Ergebnisse bringt und die Zubereitung kaum länger dauert als andere, kalte Verfahren. Ideal ist eine Küchenmaschine, in der zuerst Eiweiß auf hoher Stufe geschlagen wird. Dann müssen Sie bei laufendem Motor heißen Zuckersirup zugeben. Für den Zuckersirup benötigen Sie ein Zuckerthermometer. Die Anschaffung lohnt sich aber, denn so gelingen die Macarons perfekt.

Macarons sind nicht ganz einfach. Lassen Sie sich dennoch nicht entmutigen, wenn es beim ersten Mal nicht so klappt wie gewünscht. Versuchen Sie es mit diesen Tricks:

• Die Mandeln müssen sehr fein gemahlen sein. Ich finde, dass gekaufte Mandeln oft zu grob sind, darum mahle ich sie noch einmal (aber nicht zu lange, sonst treten die Fette aus und Sie haben Mandelmus). Danach die Mandeln sieben, um letzte grobe Stücke zu entfernen. Achtung: Mandelmehl eignet sich nicht, weil es entölt ist!

• Die Hitzeverteilung im Backofen muss gleichmäßig sein. Empfehlenswert ist ein Backofenthermometer, denn nicht jeder Ofen heizt sich genau auf die Temperatur auf, die am Schalter oder im Display eingestellt wird. Macarons sind sehr hitzeempfindlich!

• Ich empfehle eine glatte Unterlage und eine Macaron-Schablone. Früher habe ich den Teig auf Backpapier gespritzt. Das funktioniert nur, wenn das Papier völlig glatt und faltenfrei ist. Anderenfalls können die Macarons unregelmäßig ausfallen. Inzwischen arbeite ich lieber mit einer Silikonbackunterlage, die keine Falten wirft. Bei transparenten Unterlagen kann man die Schablone einfach unterlegen. Es gibt aber auch Backunterlagen mit bereits vorgedruckten Kreisen für Macarons.

• Exakt kreisrunde Formen gelingen am besten, wenn man den Spritzbeutel senkrecht (also nicht schräg) hält.

• Das Backblech unbedingt hart auf die Arbeitsfläche aufsetzen, damit größere Luftblasen entweichen. Bleiben sie im Teig, dehnen sie sich beim Backen aus und die Macarons bekommen eine rissige oder beulige Oberfläche.

• Die Macarons vor dem Backen so lange stehen lassen, bis die Oberfläche leicht angetrocknet ist. Gönnen Sie sich so lange eine Pause. Dieser Arbeitsschritt ist wichtig, damit sie am Boden rundum ein »Füßchen« bilden und oben keine Risse bekommen.

• Italienischer Baiser muss nicht so lange gerührt werden wie der französische. Wenn man den Teigschaber anhebt und mit dem herabfließenden Teig eine Acht auf den Teig in der Schüssel malen kann, ist er fertig. Besser etwas zu kurz als zu lange rühren, denn auch beim Umfüllen in den Spritzbeutel wird er im Grunde nochmals umgerührt.

Macarons

ERGIBT 1½ BLECHE

SIRUP
115g Zucker
40ml Wasser

MANDELMISCHUNG
105g Mandeln, fein gemahlen und gesiebt
105g Puderzucker, gesiebt
40g Eiweiß oder Aquafaba

ZUSÄTZLICH
45g Eiweiß, zimmerwarm oder Aquafaba

VEGANE MACARONS

Vegane Macarons werden ebenso gebacken wie konventionelle, allerdings mit Aquafaba statt Eiweiß. Am besten kochen Sie es zuerst ein, bis seine Konsistenz der von rohem Eiweiß ähnelt (siehe unten). Vegane Macarons werden länger, aber bei niedrigerer Temperatur gebacken, ansonsten folgen Sie der Anleitung von klassischen Macarons.

Für das Rezept benötigen Sie 85ml reduziertes Aquafaba. Gießen Sie 170ml der Flüssigkeit von Kichererbsen oder Bohnen aus der Dose in einen kleinen Topf. Die Flüssigkeit auf mittlerer Hitze ohne Deckel köcheln lassen, bis sie auf knapp die Hälfte der Ursprungsmenge eingekocht ist. Nun die Flüssigkeit abmessen oder wiegen. Ist es noch zu viel, einfach etwas länger köcheln lassen und erneut abmessen oder wiegen. Vor der weiteren Verarbeitung auf Zimmertemperatur abkühlen lassen. Die Flüssigkeit sieht nicht sonderlich appetitlich aus, aber sie verhält sich prima!

Schritt 7 ▼

1 / Zwei Backbleche mit Backpapier oder Silikonmatten auslegen. Die Schablonen sowie Spritzbeutel und eventuell Lebensmittelfarben bereitlegen.

2 / Für die Mandelmischung gemahlene Mandeln und Puderzucker in einer großen Schüssel verrühren. Eiweiß oder Aquafaba zugeben und alles zu einer Paste vermengen. Beiseitestellen.

3 / Das zusätzliche Eiweiß in eine Küchenmaschine mit Schneebesen geben. Noch nicht einschalten.

4 / Für den Sirup Zucker und Wasser in einem Topf auf mittlerer Stufe erhitzen, bis der Zucker aufgelöst ist und die Flüssigkeit brodelt. Zwischendurch umrühren. Eiweiß oder Aquafaba in der Küchenmaschine nun steif schlagen. Gleichzeitig den Zuckersirup auf 115 °C erhitzen. Falls nötig, den Sirup vom Herd nehmen oder den Mixer auf niedrigere Stufe stellen (aber nicht ganz ausschalten).

Aquafaba muss länger geschlagen werden, damit ein steifer Schnee entsteht.

5 / Wenn der Eischnee oder Aquafaba-Schnee steif ist, die Küchenmaschine schneller laufen lassen und den 115 °C heißen Zuckersirup langsam in gleichmäßig dünnem Strahl bei laufendem Motor zum Eischnee gießen. Den heißen Sirup nicht direkt auf den Schneebesen gießen!

6 / Wenn der ganze Zuckersirup zugefügt ist, die Mischung weitere 3–5 Minuten auf hoher Stufe schlagen, bis sich die Schüsselwand kühl anfühlt. Die Küchenmaschine ausschalten und die Mandelmischung mit einem Teigschaber unterheben. Falls gewünscht, Lebensmittelfarbe zufügen. Wenn mehrere Farben verwendet werden, den Macaronteig in kleine Schüsseln verteilen, jeweils einfärben und dann in Spritzbeutel füllen.

7 / Den Teig auf die vorbereiteten Backbleche spritzen, möglichst mit Schablonen. Wenn der Teig die richtige Konsistenz hat, verläuft er nur geringfügig und die Spitzen verschwinden nach etwa einer Minute.

Schritt 8 ▼

8 / Das Backblech dreimal hart auf die Arbeitsfläche aufsetzen. Dabei steigen eventuell eingeschlossene Luftblasen an die Oberfläche der Macarons. Einige platzen von selbst, andere müssen Sie mit einem Zahnstocher aufstechen (sehr befriedigend!).

9 / Die Macarons mindestens 1–2 Stunden beiseitestellen, damit die Oberfläche antrocknet. Beim vorsichtigen Antippen soll kein Teig am Finger haften. Je nach Temperatur und Luftfeuchtigkeit im Raum kann die Trockenzeit auch länger dauern.

10 / Wenn die Macarons angetrocknet sind, den Backofen auf 150 °C (120 °C für die vegane Variante) vorheizen. Macarons mit Ei etwa 15 Minuten backen, vegane Macarons etwa 30 Minuten.

11 / Die Macarons abkühlen lassen, dann vom Blech nehmen, füllen und verzieren. Ideen dazu finden Sie auf den folgenden Seiten.
Vor dem Servieren die Macarons einen Tag in den Kühlschrank legen, damit die Kruste etwas weicher wird. Das gilt vor allem für vegane Macarons, die wegen der langen Backzeit knuspriger sind.

Weiße Ganache für Macarons

Auf den nächsten Seiten finden Sie verschiedene Cremefüllungen für Macarons. Die Ganache können Sie nach Belieben aromatisieren, und die Fruchtcreme kann auch mit anderem Obst zubereitet werden. Wer keine vegane weiße Schokolade zur Hand hat, sollte unbedingt die vegane weiße Ganache 2 probieren! Weiße Ganache können Sie mit den verschiedensten Zutaten aromatisieren. Zur Weihnachtszeit passen Orangenschale, Orangenblüten, gemahlener Zimt, gemahlener Ingwer oder gemahlener Kardamom. Die Aromazutaten werden unter die Schokolade gerührt, bevor sie eindickt. Orangenschale und Kardamom kann man auch in der erhitzten Sahne/Kokosmilch ziehen lassen. Vielleicht möchten Sie einen Ring mit einer Creme um den Rand der Macarons spritzen und die Mitte mit einer anderen Zutat ausfüllen? Probieren Sie fein gehackten kandierten Ingwer, Fruchtcreme, Karamell oder Konfitüre!

ZUM FÜLLEN VON 14–16 MACARONS

WEISSE GANACHE
110 g weiße Schokolade
70 g Sahne mit hohem Fettgehalt

VEGANE WEISSE GANACHE 1
110 g vegane weiße Schokolade
70 ml Kokosmilch

VEGANE WEISSE GANACHE 2
50 g Kakaobutter
25 g Kokosöl
65 g Puderzucker
50 ml Kokosmilch

1 / Für die ersten beiden Varianten die Schokolade in gleichmäßige, kleine Stücke hacken und in eine hitzebeständige Schüssel geben.

2 / Sahne oder Kokosmilch in einem Topf bei mittlerer Hitze kurz aufkochen, dann sofort über die Schokolade gießen. Die Schokolade muss ganz mit Flüssigkeit bedeckt sein. 3 Minuten stehen lassen, dann gut umrühren. Die Schokolade sollte in der heißen Flüssigkeit schmelzen. Geschieht das nicht, die Mischung wieder in den Topf geben und ganz sanft erhitzen, bis die Schokolade geschmolzen ist.

3 / Die Mischung in eine Schüssel umfüllen, mit Frischhaltefolie abdecken und auf Zimmertemperatur abkühlen lassen. Dann aufschlagen, bis eine helle, spritzfähige Creme entsteht. Während des Aufschlagens können Geschmackszutaten zugefügt werden (z. B. Aromaextrakte, Pistazienpaste, Gewürze). Es dauert ein Weilchen, bis die Ganache einzudicken beginnt, aber dann geht es plötzlich sehr schnell. Nicht zu lange schlagen, denn zu feste Ganache lässt sich schlecht spritzen. In einen Spritzbeutel geben und die Macarons füllen.

VEGANE WEISSE GANACHE 2

1 / Kakaobutter und Kokosöl in einem Topf bei geringer Hitze schmelzen.

2 / In eine Schüssel geben, den Puderzucker zufügen und mit dem Handmixer glattrühren. Die Kokosmilch zugießen und die Mischung aufschlagen, bis sie heller wird und eine spritzfähige Konsistenz bekommt. Währenddessen können Geschmackszutaten zugefügt werden. Es lohnt sich, zum Schlagen eine Küchenmaschine zu verwenden, denn es dauert etwa 5 Minuten, bis die Mischung fest genug wird. In einen Spritzbeutel geben und die Macarons füllen.

Dunkle Ganache für Macarons

Diese Ganache bekommt durch etwas Likör (z. B. Mandel- oder Orangenlikör), Bittermandelaroma, Minzaroma, gemahlenen Kardamom oder Orangenschale weihnachtliches Aroma. Sie können auch Nougatrohmasse oder etwas Salz zugeben. Diese Zutaten werden unter die geschmolzene Schokolade gerührt. Gröbere Gewürze wie Kardamom oder Orangenschale lassen Sie besser in der heißen Sahne/Kokosmilch ziehen. Wenn Sie nur einen Ring spritzen wollen, empfehlen sich für die innere Füllung fein gehackter kandierter Ingwer, Karamell oder Erdnussmus.

ZUM FÜLLEN VON 14–16 MACARONS

DUNKLE GANACHE
80 g Zartbitterschokolade
80 g Sahne mit hohem Fettgehalt
20 g Puderzucker, oder nach Geschmack (hängt davon ab, wie süß die Schokolade ist)

VEGANE DUNKLE GANACHE
80 g vegane dunkle Schokolade
80 ml Kokosmilch
20 g Puderzucker, oder nach Geschmack (hängt davon ab, wie süß die Schokolade ist)

1 / Die Schokolade in gleichmäßige, kleine Stücke hacken und in eine hitzebeständige Schüssel geben.

2 / Sahne oder Kokosmilch in einem Topf bei mittlerer Hitze kurz aufkochen, dann sofort über die Schokolade gießen. Die Schokolade muss ganz mit Flüssigkeit bedeckt sein. 3 Minuten stehen lassen, dann gut umrühren. Die Schokolade sollte in der heißen Sahne schmelzen. Geschieht das nicht, die Mischung wieder in den Topf geben und sehr sanft erhitzen, bis die Schokolade geschmolzen ist. Nach Belieben nachsüßen.

3 / Die Mischung in eine Schüssel umfüllen, mit Frischhaltefolie abdecken und auf Zimmertemperatur abkühlen lassen. Dann aufschlagen, bis eine hellere, spritzfähige Creme entsteht. Während des Aufschlagens können Geschmackszutaten zugefügt werden (z. B. Aromaextrakte, Pistazienpaste, Gewürze). Es dauert ein Weilchen, bis die Ganache einzudicken beginnt, aber dann geht es plötzlich sehr schnell. Nicht zu lange schlagen, denn zu feste Ganache lässt sich schlecht spritzen. In einen Spritzbeutel geben und die Macarons füllen.

Orangencreme für Macarons

ZUM FÜLLEN VON 14–16 MACARONS

2 Eigelb
fein abgeriebene Schale und 100 ml Saft von 1 Orange (bio)
100 g Zucker
60 g Butter

1 / Alle Zutaten für die Creme in einer hitzebeständigen Schüssel mit einem Schneebesen verrühren.

2 / Die Schüssel auf einen Topf mit leicht kochendem Wasser stellen, der Schüsselboden darf das Wasser nicht berühren. 10–15 Minuten rühren, bis der Schaum verschwindet und die Creme eindickt.

3 / Die Creme in eine Schüssel umfüllen. Wer mag, kann sie vorher durch ein Sieb passieren, um Orangenschale oder kleine Krümel von gestocktem Ei zu entfernen. Mit Frischhaltefolie bedecken. Die Folie muss die Cremeoberfläche berühren, damit sich keine Haut bildet. In den Kühlschrank stellen.

Vegane Orangencreme

fein abgeriebene Schale und 100 ml Saft von 1 Orange (bio)
100 g Zucker
1¼ EL Pfeilwurzelpulver oder Speisestärke
40 ml Kokosöl
30 ml Kokosmilch

1 / Orangenschale und -saft, Zucker und Pfeilwurzelmehl oder Speisestärke in einem kleinen Topf bei mittlerer Hitze unter ständigem Rühren erhitzen, bis die Mischung eindickt und an der Rückseite des Kochlöffels haftet.

2 / Vom Herd nehmen. Sofort Kokosöl und Kokosmilch zugeben und rühren, bis alles vollständig vermischt ist.

3 / Die Creme in eine Schüssel umfüllen und mit Frischhaltefolie bedecken. Die Folie muss die Cremeoberfläche berühren, damit sich keine Haut bildet. 1 Stunde ins Gefrierfach stellen. Die Creme ist anfangs recht weich, wird aber beim Kühlen fester.

Baisers

Vegane und nicht vegane Baisers werden im Grunde gleich zubereitet, allerdings muss man die vegane Masse etwas länger schlagen, und die veganen Baisers sollten so lange gebacken werden, bis sie im Inneren trocken sind. Streng genommen werden Baisers gar nicht gebacken, sondern nur getrocknet – also bitte nicht die Ofentemperatur höher stellen!

ERGIBT 1 GROSSES BLECH

BAISERMASSE
120g Zucker
80g Eiweiß
1 Prise Weinstein (Cream of tatar), nach Belieben

VEGANE BAISERMASSE
120g Zucker
80g Aquafaba
1 Prise Weinstein (Cream of tatar), nach Belieben

1 / Den Backofen auf 200°C vorheizen. Ein Backblech mit Backpapier auslegen und mit dem Zucker bestreuen. Für 7–8 Minuten in den Ofen schieben, bis der Zucker warm ist, aber noch nicht karamellisiert. Eventuell karamellisierte Stückchen entfernen und durch die gleiche Gewichtsmenge Zucker ersetzen. Den Backofen bei offener Klappe auf etwa 100°C abkühlen lassen.

2 / Eiweiß oder Aquafaba in der Küchenmaschine mit dem Schneebesen auf hoher Stufe aufschlagen. Mit dem Handmixer dauert es länger. Wenn die Masse steif ist, esslöffelweise den Zucker zugeben und jeweils 30–60 Sekunden unterschlagen. Es ist wichtig, den Zucker so langsam zuzugeben, damit er sich vollständig auflöst.

3 / Wenn der ganze Zucker untergerührt ist, soll sich die Masse zwischen den Fingern glatt anfühlen, nicht körnig. Weinstein unterrühren (falls verwendet) und die Masse in einen Spritzbeutel füllen.

4 / Beliebige Formen auf ein mit Backpapier oder einer Silikonmatte belegtes Backblech spritzen und 45–60 Minuten (dann ist der Baiser innen noch weich) oder 90 Minuten (innen trocken) backen. Die Baisers bei einem Spalt weit geöffneter Tür im Backofen langsam abkühlen lassen. Dabei trocknen sie noch weiter und werden schön knusprig.

BAISERMASSE EINFÄRBEN
Baisermasse kann mit Lebensmittel-Gelfarbe eingefärbt werden. Alternativ malen Sie mit dem Gel Streifen auf die Innenseite des Spritzbeutels, bevor Sie die Baisermasse einfüllen. Das ergibt Streifen. Experimentieren Sie nach Lust und Laune.

BAISER-ADVENTSKRÄNZE
Mit einen Spritzbeutel und großer Sterntülle Kreise aus grüner Baisermasse auf das Backblech spritzen. Mit Streuseln garnieren. Mit roter Baisermasse eine Schleife spritzen (dafür vom Spritzbeutel eine winzige Ecke abschneiden), dann backen.

BAISER-SCHNEEMÄNNER
Eine Klecks Baisermasse auf das Blech spritzen. Darauf einen kleineren Klecks setzen und die Spitze mit einem feuchten Finger glätten. Wie gewohnt backen, dann mit Zuckerglasur (Seite 16) garnieren.

BAISER-WEIHNACHTSBÄUME
Mit einer großen Sterntülle eine aufrechte Spirale spritzen, die von unten nach oben kleiner wird und in einer Spitze endet. Mit Streuseln garnieren und backen. Anschließend weiter verzieren, beispielsweise mit silbernem Glitter.

BAISER-EISBÄREN
Einen Klecks weiße Baisermasse auf das Blech spritzen. Darauf einen kleineren Klecks setzen und die Spitze mit einem feuchten Finger glätten. Weitere Baisermasse in einen Spritzbeutel mit winziger Öffnung geben und damit Ohren und Pfoten spritzen. Backen. Anschließend mit Zuckerglasur (Seite 16) Schnauze und Hut spritzen. Mit einem Lebensmittelstift (oder schwarzer Zuckerglasur) Augen und Nase malen.

Süße Brote & Brötchen

Bao-Pinguine mit Fruchtfüllung

Hier gehen Traditionen aus Ost und West eine gelungene Fusion ein: Bao, weiche gedämpfte Brötchen aus Asien, mit einer Füllung aus gemischten Trockenfrüchten, die man von Bratäpfeln, Früchtebrot oder englischem Mincemeat kennt. Und das Ganze verkleidet als niedliche Pinguine!

Tipp: Vor dem Servieren kurz in heißem Dampf aufwärmen.

ERGIBT 10–12 STÜCK

FRUCHTMISCHUNG (NACH BELIEBEN)

125 g gesalzene Butter
200 g Korinthen
200 g Sultaninen
200 g helle Rosinen
200 g getrocknete Cranberrys
50 g kandierte Kirschen, fein gehackt
60 g Pekannusskerne, fein gehackt
3 Kochäpfel, geschält und fein gehackt
250 g hellbrauner Zucker
abgeriebene Schale und Saft von 2 Orangen (bio)
abgeriebene Schale von 2 Zitronen (bio) und Saft von 1 Zitrone
4 TL Lebkuchengewürz
1 TL gemahlener Zimt
1¼ TL gemahlene Muskatnuss
150 ml Weinbrand oder Fruchtsaft

BAO-TEIG

300 g Mehl, plus etwas mehr zum Arbeiten
3 g Trockenhefe
3 g Salz
60 g Zucker
90 ml Vollmilch oder veganer Pflanzendrink
85 ml Wasser
1 EL Pflanzenöl, plus etwas mehr zum Einfetten

EXTRAS

Lebensmittelfarbe (Gel) in Orange und Schwarz

1 / Für die Fruchtmischung die Butter bei schwacher Hitze in einem großen Topf zerlassen. Alle Zutaten bis auf Weinbrand oder Fruchtsaft zugeben. Die Mischung 10 Minuten köcheln, bis die Äpfel weich sind. Zwischendurch häufig umrühren, damit nichts anbrennt. Abkühlen lassen, dann Weinbrand oder Fruchtsaft unterrühren. In sterilisierte Gläser füllen.

2 / Für den Teig Mehl, Hefe, Salz und Zucker in einer Küchenmaschine mit dem Knethaken vermengen.

3 / Milch oder Pflanzendrink, Wasser und Pflanzenöl zugeben. Den Teig 8 Minuten kneten, bis er glatt und elastisch ist.

4 / Den Teig auf eine leicht bemehlte Arbeitsfläche legen. Ein kleines Stück (ca. 15 g) abnehmen und orangefarbene Lebensmittel-Gelfarbe sorgfältig einarbeiten. Ein größeres Stück (ca. 110 g) abnehmen und schwarze Lebensmittel-Gelfarbe einarbeiten.

5 / Die drei Teigportionen in separate Schüsseln legen und mit Frischhaltefolie abdecken. Etwa 1 Stunde an einen warmen Platz stellen, bis sich das Teigvolumen um die Hälfte vergrößert hat.

Schritt 6 ▼

Schritt 7 ▼

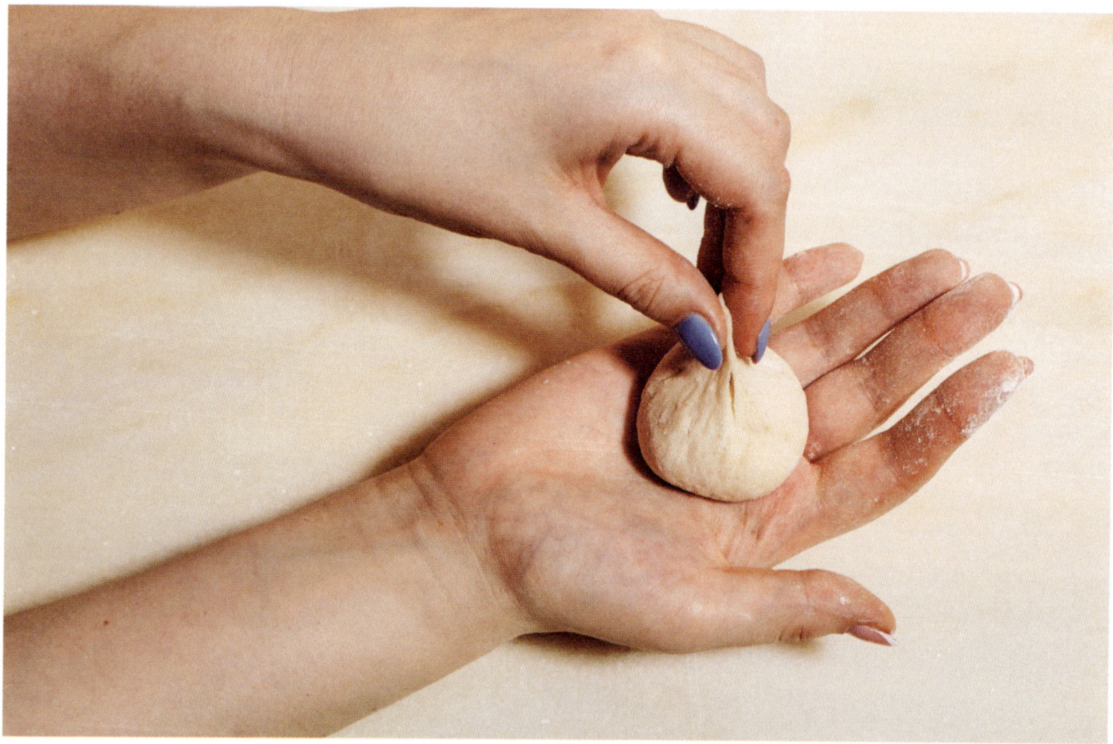

6 / Den ungefärbten Teig in 12 gleichmäßige Stücke (je ca. 40 g) teilen. Die Hände gut einmehlen, denn der Teig ist klebrig. Jede Teigportion mit den Fingern zu einem flachen Kreis formen, der am Rand dünner ist als in der Mitte. Einen gehäuften Teelöffel Fruchtfüllung in die Mitte setzen.

7 / Die Teigränder über der Füllung zu einem Säckchen schließen und gut zusammendrücken. Das Bao umdrehen: glatte Seite liegt oben. Die Oberfläche sorgfältig glätten und das Bao eher hoch als breit formen, weil es beim Dämpfen noch in die Breite geht.

8 / Den schwarzen Teig ausrollen und einen Kreis mit 3–3,5 cm Durchmesser ausstechen. Mit einem scharfen Messer Kopf und Flügel daraus zuschneiden, wie auf dem Foto zu sehen.

9 / Das Bao mit Wasser einpinseln, den schwarzen Teig auflegen und leicht andrücken. Für die Augen winzige Kugeln aus schwarzem Teig anbringen, für den Schnabel etwas orangefarbenen Teig verwenden. Das Bao auf ein Quadrat aus Backpapier stellen und in einen Dämpfkorb aus Bambus setzen. Locker mit Frischhaltefolie abdecken. Den restlichen Teig ebenso verarbeiten. Die Baos nicht zu eng in den Dämpfkorb setzen, weil sie noch aufgehen.

10 / Die Baos etwa 30 Minuten (je nach Raumtemperatur) ruhen lassen, bis sich ihr Volumen um etwa 50 Prozent vergrößert hat.

11 / 10 Minuten bei schwacher Hitze dämpfen, dann der Herd ausschalten und die Baos weitere 5 Minuten bei geschlossenem Deckel im Dämpfer lassen. Dann sofort servieren.

Tipp: Die restliche Fruchtfüllung kann in sterilisierten Gläsern aufbewahrt und anderweitig verwendet werden. Wenn Sie eine fertige Trockenfruchtmischung kaufen, rühren Sie einen fein gehackten Apfel sowie den Schalenabrieb von einer Orange und einer Zitrone unter, damit sie weicher wird und fruchtiger schmeckt.

NORDPOL

Semlor mit Eisbären

Semlor (ein Semla!) sind süße Wecken. Man isst sie in Schweden traditionell in der Fastenzeit. Mit ihrer üppigen Füllung schmecken sie aber so köstlich, dass sie absolut weihnachtstauglich sind. Nur die bezaubernden Eisbären sorgen dafür, dass man sie einen Augenblick länger anschaut, bevor man herzhaft zubeißt. Wer keine Zeit hat, die Mandelfüllung zuzubereiten, kann auch fertig gekaufte Marzipanrohmasse verwenden.

ERGIBT 16–20 STÜCK

TEIG
120 ml Milch (oder veganer Pflanzendrink)
50 g Butter (oder vegane Alternative)
120 ml Wasser
1 großes Ei (für Veganer 2 EL Aquafaba plus 1 EL Pflanzenöl)
65 g Zucker
500 g Weizenmehl Type 550, plus etwas mehr zum Arbeiten
1½ TL gemahlener Kardamom (am besten frische Samen mahlen)
1 TL Salz
7 g Trockenhefe
Öl zum Einfetten

MANDELFÜLLUNG
125 g Puderzucker
125 g gemahlene Mandeln
1 Eiweiß (für Veganer 40 ml Aquafaba)
¼ TL Mandelaroma
¾ TL Amaretto (nach Belieben)

SAHNEFÜLLUNG
500 g Sahne mit hohem Fettgehalt
125 g Puderzucker
1 TL Vanillepaste oder Vanilleextrakt

Tipp: Veganer können schlagfähige Sojasahne verwenden.

EXTRAS
verquirltes Ei (oder 4 Teile Pflanzendrink und 1 Teil heller Sirup) zum Einspinseln vor dem Backen

ZUM DEKORIEREN
16–20 Erdbeeren, halbiert
grauer Fondant
½ Rezeptmenge Zuckerglasur (Seite 16)
schwarze Lebensmittel-Gelfarbe

1 / Die Milch in der Mikrowelle auf Handtemperatur erwärmen. Die Butter zerlassen. Milch, Butter, Wasser und Ei mit der Küchenmaschine verrühren. Den Zucker unterrühren, dann Mehl, Kardamom, Salz und Hefe (in reichlich Abstand zum Salz) zugeben. Mit dem Knethaken 8 Minuten lang zu einem glatten, geschmeidigen Teig verarbeiten. Alternativ die Zutaten kurz mit einem Löffel verrühren, dann auf eine bemehlte Arbeitsfläche geben und mit den Händen kneten, bis der Teig glatt und elastisch ist.

2 / Den Teig in eine eingeölte Schüssel legen und mit leicht eingeölter Frischhaltefolie abdecken. Bei Zimmertemperatur 1–2½ Stunden gehen lassen, bis sich das Volumen verdoppelt hat. Die genaue Zeit hängt von der Temperatur im Raum ab. Ein Backblech mit Backpapier belegen.

3 / Den aufgegangenen Teig in Portionen von 45–50 g teilen und mit den Händen zu Kugeln mit glatter Oberfläche formen. Dafür den Teig dehnen und die Ränder nach unten umschlagen. Auf das vorbereitete Backblech legen und locker mit eingeölter Frischhaltefolie bedecken. 1 Stunde gehen lassen, bis sich das Volumen fast verdoppelt hat und sich eine mit dem Finger eingedrückte Delle rasch wieder hebt. Nach der Hälfte der Gehzeit den Backofen auf 180 °C vorheizen.

4 / Die aufgegangenen Wecken mit verquirltem Ei (vegan: 4 Teile pflanzliche Milchalternative und 1 Teil heller Sirup) einpinseln. 15–20 Minuten backen, bis die Oberfläche kräftig goldbraun ist. Auf ein Küchengitter legen und abkühlen lassen.

»Nicht vergessen: Die Sahneschüssel sau-bär auslecken!«

5 / Inzwischen für die Mandelfüllung Puderzucker und gemahlene Mandeln in einer großen Schüssel mischen. Eiweiß oder Aquafaba, Mandelaroma und Amaretto (falls verwendet) zufügen und alles gründlich verrühren. Beiseitestellen.

6 / Wenn die Semlor abgekühlt sind, die Sahne oder Sojasahne mit Puderzucker und Vanillepaste steif schlagen. Den Großteil der Sahne in einen großen Spritzbeutel füllen und eine große Ecke abschneiden. Die restliche Sahne in einen kleinen Spritzbeutel füllen und eine sehr kleine Ecke abschneiden.

7 / Von jedem Semla einen Deckel abschneiden und 2 Teelöffel des Inneren aushöhlen. 1 Teelöffel Mandelfüllung in die Vertiefung geben, dann einen großen Tupfer Sahne hineinspritzen. Die Spitze einer Erdbeere wie eine Nikolausmütze aufsetzen. Aus grauem Fondant eine Nase für den Eisbären formen und ansetzen.

8 / Nun die Zuckerglasur (Seite 16) zubereiten und mit Lebensmittelfarbe schwarz einfärben. In einen Spritzbeutel füllen, eine winzige Öffnung schneiden und damit die Augen und Nase des Eisbären spritzen. Mit der Sahne im kleinen Spritzbeutel den weißen Troddel auf die Mütze setzen und Vorderpfoten ergänzen. Die übrigen Semlor ebenso garnieren.

Stollen

In diesem Rezept habe ich Trockenfrüchte und Nüsse angegeben, die ich besonders gern mag. Das Rezept ist aber ausgesprochen variabel. Sie können gern Reste von Nüssen und Trockenfrüchten verbrauchen oder eigene Lieblingssorten verwenden. Wichtig ist nur, dass Sie die Gesamtmengen der Früchte und Nüsse jeweils ungefähr einhalten. Trockenaprikosen eignen sich gut, aber auch Pekannüsse, Korinthen oder helle Rosinen.

Der Stollen enthält viel Butter. Darum schmeckt er so gut, aber sie macht den Teig auch klebrig. Am besten bereitet man ihn in einer Küchenmaschine mit Knethaken oder in einem Brotbackautomaten zu. Wer im Umgang mit feuchtem Teig geübt ist, kann ihn auch von Hand kneten. Die beiden Gehvorgänge sind an einem Tag zu schaffen, aber der Stollen schmeckt besser, wenn man ihn für die erste Teigruhe über Nacht in den Kühlschrank legt. So lässt er sich auch am nächsten Tag leichter formen, weil die Butter kalt ist. Weil der Teig viel Milch, Butter und »schwere« Trockenfrüchte enthält, geht er nicht so stark auf wie schlichtere Brot- oder Kuchenteige. Er verdoppelt sein Volumen nicht, sondern bleibt kompakter – aber so ist ein guter Stollen eben.

ERGIBT 5 MINISTOLLEN

FRÜCHTEMISCHUNG
150 g Rosinen
50 g getrocknete Cranberrys
50 g kandierte Kirschen, grob gehackt
150 g Orangeat und Zitronat
80 g blanchierte Mandeln, grob gehackt
70 ml Rum oder Orangensaft

TEIG
Öl zum Einfetten
500 g Weizenmehl Type 550, plus etwas mehr zum Arbeiten
100 g Zucker
10 g Trockenhefe
10 g Salz
¾ TL gemahlener Zimt
½ TL gemahlener Kardamom
¼ TL gemahlene Muskatnuss
fein abgeriebene Schale von 1 Orange (bio)
fein abgeriebene Schale von 1 Zitrone (bio)
200 ml Vollmilch
2 große Eier
150 g weiche Butter, gewürfelt
1 TL Vanillepaste oder Vanilleextrakt

MARZIPANFÜLLUNG
500 g Puderzucker, plus etwas mehr zum Arbeiten
500 g gemahlene Mandeln (je feiner, desto glatter wird das Marzipan)
4 Eiweiß (ca. 140 g)
1 TL Mandelaroma
3 TL Amaretto (nach Belieben)

Tipp: Wenn die Außenseite des Stollens nicht dekoriert wird, bleibt Marzipan übrig.

EXTRAS
50 g zerlassene Butter zum Bestreichen
gelbe Lebensmittelfarbe
3 EL Konfitüre (am besten Aprikose), mit ein wenig Wasser verdünnt
Puderzucker zum Bestreuen
Fondant in verschiedenen Farben (siehe Fotos oder nach eigener Wahl)

NACH BELIEBEN
2–4 Rispen frische Rote Johannisbeeren
Eiweiß
Zucker

1 / Zuerst die Trockenfrüchte und Nüsse in eine Schüssel geben und mit dem Rum oder Saft übergießen. Quellen lassen, während der Teig zubereitet wird.

2 / Eine große Schüssel dünn einölen und beiseitestellen. Mehl, Zucker, Hefe und Salz (es darf die Hefe nicht berühren), Gewürze und die Zitrusschale in der Schüssel der Küchenmaschine verrühren. Milch, Eier, Butter und Vanillepaste zugeben. Den Knethaken einsetzen und 10 Minuten zu einem glatten, elastischen Teig kneten. Die Fruchtmischung zugeben und kurz, aber gleichmäßig unterkneten.

3 / Den Teig mit einem Schaber in die eingeölte Schüssel geben und mit Frischhaltefolie abdecken. Möglichst über Nacht im Kühlschrank gehen lassen, notfalls bei Zimmertemperatur gehen lassen, bis das Volumen um 50 Prozent zugenommen hat.

4 / Für den Marzipankern Puderzucker und Mandeln in einer Schüssel mischen. In einer weiteren Schüssel die nassen Zutaten verrühren. Die nassen Zutaten zu den trockenen geben und nur kurz verrühren. Etwas Puderzucker auf die Arbeitsfläche streuen. Die Masse darauf durchkneten, dann zur Kugel formen. In Frischhaltefolie wickeln und beiseitelegen.

5 / Wenn der Teig aufgegangen ist, ein großes Backblech mit Backpapier oder einer Silikonmatte belegen. Den Teig auf einer bemehlten Arbeitsfläche kurz zusammendrücken, in fünf gleichmäßige Stücke teilen und jedes zu einem Rechteck formen. Für jeden Stollen 40–50 g Marzipanfüllung abnehmen (den Rest zum Dekorieren aufbewahren), zu einem Strang formen und längs in die Mitte des Teigrechtecks legen. Den Teig um das Marzipan legen und die Ränder zusammendrücken. Die Ministollen auf das vorbereitete Backblech legen und locker mit Frischhaltefolie abdecken. Ruhen lassen, bis sich das Volumen um 25 Prozent vergrößert hat. Marzipan und Trockenfrüchte verhindern, dass der Teig stärker aufgeht. Er soll auf Fingerdruck leicht nachgeben. 10 Minuten vor Ende der Gehzeit den Backofen auf 200 °C vorheizen.

6 / Die Stollen 10 Minuten backen, dann die Temperatur auf 180 °C herunterschalten und weitere 20 Minuten backen. Falls die Oberfläche zu schnell bräunt, die Stollen mit Alufolie abdecken.

7 / Die gebackenen Stollen mit der zerlassenen Butter bestreichen, dann auf einem Küchengitter abkühlen lassen.

Schritt 5 ▲

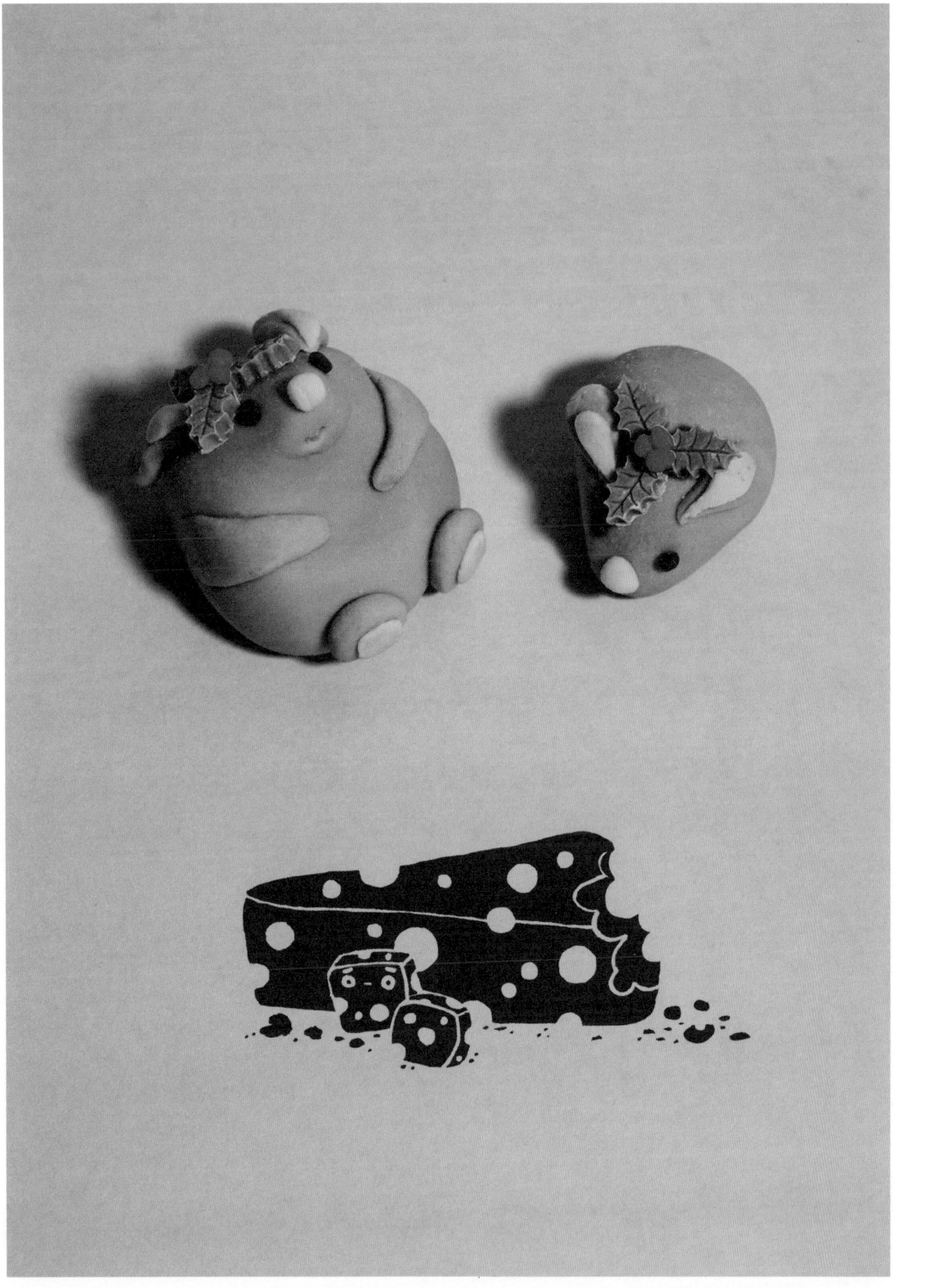

Schritt 8 ▼

Schritt 9 ▲

8 / Die Stollen frisch servieren oder weiter garnieren. Für die Dekoration das restliche Marzipan mit etwas gelber Lebensmittelfarbe verkneten. Von den Stollen die Längsseiten knapp und gerade abschneiden, dann die Mittelstücke schräg durchschneiden. Die Oberfläche jedes Dreiecks mit verdünnter Konfitüre bestreichen. Etwas Puderzucker auf die Arbeitsfläche streuen und das Marzipan darauf ausrollen.

9 / Die Stollenstücke mit dem gelben Marzipan umwickeln. In die Oberfläche des Marzipans mit dem Finger Dellen eindrücken, sodass die Stücke wie löchrige Käseecken aussehen. Etwas gelbe Lebensmittelfarbe mit Wasser anrühren und damit die »Löcher« noch etwas dunkler ausmalen.

10 / Aus Fondant kleine Mäuse formen, einigen kleine »Käsewürfel« in die Pfoten geben. Mit Nikolausmützen und Ilex mit Beeren – alles aus Fondant – verzieren. Johannisbeerrispen mit etwas verquirltem Eiweiß einpinseln und mit Zucker bestreuen, sodass sie wie vereist aussehen. Einige Stunden trocknen lassen.

Streusel-Schildkröten

Diese nussig-süßen »Brötchen« sehen nicht nur zauberhaft aus, sie schmecken auch verführerisch und sind herrlich weich und luftig. Dafür sorgt die Tangzhong, eine Mehlschwitze nach asiatischem Vorbild, die als Vorteig zugegeben wird. Beim Dekorieren der Schildkröten dürfen Sie kreativ werden!

ERGIBT CA. 10 STÜCK

TANGZHONG
100 ml Wasser
25 g Weizenmehl Type 550

TEIG
125 ml Vollmilch oder veganer Pflanzendrink
30 g Butter oder vegane Alternative
Öl zum Einfetten
10 g Zucker
1 TL Salz
1 großes Ei (für Veganer 2 EL Aquafaba plus 1 EL Pflanzenöl)
350 g Weizenmehl Type 550, plus etwas mehr zum Arbeiten
7 g Trockenhefe

EXTRAS
1 Ei zum Einpinseln vor dem Backen (für Veganer 4 Teile Pflanzendrink und 1 Teil heller Sirup)

STREUSEL
75 g Butter oder vegane Alternative
50 g Erdnussmus
90 g hellbrauner Zucker
140 g Mehl
½ TL Backpulver

ZUM DEKORIEREN (NACH BELIEBEN)
schwarzer Lebensmittelstift oder leicht verdünnte Lebensmittelfarbe und Pinsel
bunte Streusel
Minibrezeln
Erdbeeren und Sahne oder Zuckerglasur

1 / Für die Tangzhong Wasser und Mehl in einem kleinen Topf mit dem Schneebesen glattrühren. Auf mittlerer Stufe unter ständigem Rühren erhitzen, bis 65 °C erreicht sind und die Masse eindickt. In eine Schüssel gießen, mit Frischhaltefolie abdecken (sie muss auf der Oberfläche der Masse aufliegen) und 10 Minuten ins Gefrierfach stellen.

2 / Inzwischen für den Teig die Milch in der Mikrowelle handwarm erhitzen. Die Butter in der Mikrowelle zerlassen. Eine große Schüssel einölen und beiseitestellen.

3 / Milch und Butter in eine große Rührschüssel geben. Zucker und Salz zufügen. Die gekühlte Tangzhong und Ei (oder Aquafaba und Öl) zugeben und gründlich verrühren.

4 / Mehl und Trockenhefe zugeben und in der Küchenmaschine mit dem Knethaken 10 Minuten kneten. Alternativ die Zutaten grob mit einem Holzlöffel verrühren, auf eine bemehlte Arbeitsfläche geben und mit den Händen 10–15 Minuten kneten. Der Teig ist anfangs sehr klebrig, wird bei längerem Kneten aber glatter und homogener. Möglichst kein zusätzliches Mehl zugeben. Bei Bedarf den Teig mit einem Schaber von der Arbeitsfläche lösen und kneten, bis er glatt und geschmeidig ist. Es ist normal, dass er leicht klebrig bleibt.

5 / Den Teig in die eingeölte Schüssel legen und mit Frischhaltefolie abdecken. Bei Zimmertemperatur gehen lassen, bis sich das Volumen ungefähr verdoppelt hat. Das dauert je nach Raumtemperatur 1–2 Stunden.

Schritt 8 ▼

Schritt 9 ▼

6 / Den aufgegangenen Teig auf einer leicht bemehlten Arbeitsfläche kurz zusammendrücken. Neun Stücke von ca. 45 g abteilen und jedes zu einer glatten Kugel formen. Diese Kugeln bilden die Schildkrötenkörper. Aus dem restlichen Teig werden später die Köpfe und Beine geformt.

7 / Für die Streusel Butter oder vegane Alternative, Erdnussmus und Zucker in einer großen Schüssel verrühren. Mehl und Backpulver zugeben und alles mit den Fingern zu einer bröseligen Masse zerreiben.

8 / Die Teigkugeln mit etwas Wasser einpinseln und in die Streusel drücken.

9 / Für den Kopf jeder Schildkröte 10 g Teig abwiegen, zur Kugel formen und an den Körper setzen. Aus dem restlichen Teig je vier kleine Kugeln rollen und als Beine seitlich an den Schildkrötenkörper setzen.

10 / Die Schildkröten mit eingeölter Frischhaltefolie abdecken und gehen lassen. Die Zeit hängt von der Raumtemperatur ab, ist aber kürzer als bei der ersten Teigruhe. Die Teigkugeln sollen ihr Volumen ungefähr verdoppeln und sich auf Fingerdruck elastisch anfühlen. 15 Minuten vor Ende der Ruhezeit den Backofen auf 180 °C vorheizen.

11 / Das Ei oder die pflanzliche Alternative in einer Schüssel verquirlen und damit die glatten Oberflächen der Schildkröten – also nicht die Streusel – bestreichen. 20 Minuten im vorgeheizten Ofen goldbraun backen.

12 / Die Schildkröten auf einem Küchengitter ganz abkühlen lassen, dann mit einem Lebensmittelfarbstift die Gesichter aufmalen. Mit bunten Streuseln garnieren. Als lustiges Rentiergeweih eignen sich zerbrochene Minisalzbrezeln. Für jede Nikolausmütze einen Kreis aus Sahnetupfern auf den Schildkrötenkopf spritzen, darauf die Spitze einer Erdbeere setzen und einen weißen Sahnetupfer als Pompon aufspritzen. Wenn die Schildkröten nicht sofort serviert werden, statt Sahne Zuckerglasur (Seite 16) verwenden.

Klein
& fein

Rentiertörtchen

Diese Törtchen mit knusprigem Mürbeteig, fruchtiger Konfitüre, saftigem Marzipan und süßer Glasur schmecken unvergleichlich gut, und die Rentier-Dekoration sorgt für gute Laune. Damit der Mürbeteig schön dünn und knusprig wird, muss er blind gebacken werden. Den Teig außerdem nicht zu lange bearbeiten. Wenn Sie Schritt für Schritt vorgehen, gelingen die Törtchen sicher.

ERGIBT CA. 12 STÜCK

MÜRBETEIG

150 g gesalzene Butter, zimmerwarm, plus etwas mehr zum Fetten der Formen
225 g Mehl oder glutenfreies Mehl mit ½ TL Xanthan, plus etwas mehr für die Arbeitsfläche
40 g Zucker
1 Ei

MARZIPANFÜLLUNG

100 g Zucker
100 g Butter, zimmerwarm
1 mittelgroßes Ei
¾ TL Mandelaroma
100 g gemahlene Mandeln

ZUCKERGUSS

200 g Puderzucker, plus etwas mehr zum Andicken
2 EL Wasser

EXTRAS

4 EL Konfitüre nach eigener Wahl
schwarze Lebensmittelfarbe
12 kandierte Kirschen
24 Minibrezeln

1 / Eine 12er-Muffinform mit Butter fetten. Für den Teig das Mehl oder glutenfreie Alternative in eine große Schüssel geben. Die gesalzene Butter in Flöckchen zugeben und zügig mit dem Mehl zu einer bröseligen Masse verarbeiten. Den Zucker untermischen. Das Ei in einer separaten Schüssel verquirlen, dann 2 Teelöffel davon zum Teig geben und langsam unterrühren. Den Teig mit den Händen zu einer Kugel formen.

2 / Den Teig auf einer großzügig bemehlten Arbeitsfläche möglichst dünn ausrollen und 12 Kreise ausstechen. In die Muffinform legen und mit den Fingern andrücken. Jeden Teigboden mit einer Gabel 2–3 Mal einstechen, dann die Form 20 Minuten in den Kühlschrank stellen. Den Backofen auf 180 °C vorheizen.

3 / Muffin-Papierförmchen in die gekühlten Teigböden setzen, dann Backbohnen, Linsen oder Reis einfüllen und 15 Minuten blindbacken. Backbohnen und Papier entfernen und die Böden weitere 5–7 Minuten backen, bis die Böden goldbraun und knusprig sind.

Tipp: Für 7 cm große Muffinformen benötigen Sie Kreise mit 10 cm Durchmesser für die Böden und Kreise mit 7 cm Durchmesser für die Deckel – falls benötigt.

4 / Für die Marzipanfüllung Butter und Zucker mit der Küchenmaschine oder dem Handmixer auf hoher Stufe luftig aufschlagen. Ei und Mandelaroma zugeben und kurz unterrühren. Die gemahlenen Mandeln unterheben. Beiseitestellen.

5 / Die gebackenen Böden behutsam aus den Muffinformen nehmen und auf ein Backblech setzen. Sie sollten von selbst stehen bleiben.

6 / Auf jedem Boden 1 Teelöffel Konfitüre verstreichen, dann zu drei Vierteln mit der Mandelmasse füllen (sie geht noch etwas auf). 15–20 Minuten backen, bis die Mandelfüllung fest ist.

7 / Auf einem Küchengitter ganz abkühlen lassen.

8 / Für den Zuckerguss Puderzucker und Wasser in einer kleinen Schüssel glattrühren. Etwa 1 Esslöffel Zuckerguss in eine andere Schüssel füllen und mit Lebensmittelfarbe schwarz färben. So viel Puderzucker zugeben, bis eine spritzfähige Konsistenz entsteht. Den schwarzen Zuckerguss in einen Spritzbeutel füllen. Derweil die Schüssel mit dem weißen Zuckerguss mit Frischhaltefolie abdecken.

9 / Den weißen Zuckerguss auf die abgekühlten Törtchen verteilen und bis an den Rand verstreichen. In die Mitte eine halbe Kirsche setzen, dann Brezelstücke als Geweih anbringen. Vom Spritzbeutel eine winzige Ecke abschneiden und Augen sowie Maul spritzen. Mit der Rückseite eines Teelöffels etwas weißen Zuckerguss als »Lichtreflex« auf jede Nase tupfen.

Vegane Variante

MÜRBETEIG

360 g Mehl oder glutenfreies Mehl mit ¾ TL Xanthan
½ TL Salz
20 g Zucker
215 ml natives Kokosöl (bio), zimmerwarm und geschmeidig
65–80 ml kaltes Wasser

MARZIPANFÜLLUNG

50 ml Pflanzenöl
75 g Zucker
75 g gemahlene Mandeln
50 g Mehl
1 Prise Backpulver
50 ml Pflanzendrink
¾ TL Mandelaroma

1 / Für den Teig alle trockenen Teigzutaten in einer großen Schüssel mischen. Das Kokosöl zugeben und alles mit den Fingern zu einer fein-bröseligen Masse verarbeiten. Gerade so viel Wasser zugeben, dass die Zutaten zusammenhalten. Den Teig zur Kugel formen. Weiterverarbeiten wie im nicht-veganen Rezept.

2 / Für die Mandelfüllung Öl und Zucker in einer großen Schüssel mischen. Gemahlene Mandeln, Mehl und Backpulver zufügen und gut verrühren. Pflanzendrink und Mandelaroma einarbeiten. Weiterverarbeiten wie die Füllung im nicht-veganen Rezept.

Tauwetter-Cake-Pops

Es macht viel Spaß, diese Schneemänner zu backen. Sie halten sich relativ lange, denn die Buttercreme hält den Teig saftig, und die Umhüllung aus Schokolade versiegelt das Innere. Wer wenig Zeit zum Dekorieren hat, kann die Cake-Pops einfach mit Streuseln bestreuen, bevor die Schokolade fest wird. Denken Sie daran, dass Sie für dieses Rezept Stiele brauchen. Eine vegane Rezeptalternative finden Sie auf Seite 82.

ERGIBT 12–16 STÜCK

TEIG
100 g gesalzene Butter, zimmerwarm, plus etwas mehr zu, Einfetten
100 g Zucker
1 TL Vanillepaste oder Vanilleextrakt
100 g verquirltes Vollei (ca. 2 Eier)
130 g Mehl und 1½ TL Backpulver (oder glutenfreies Mehl, ½ TL Xanthan und ¾ TL Backpulver)
1–2 EL Vollmilch

BUTTERCREME
70 g gesalzene Butter, zimmerwarm
140 g Puderzucker
1 TL Vanillepaste oder Vanilleextrakt
1–2 EL Vollmilch

GLASUR
400 g weiße Schokolade (möglichst vorher temperieren, siehe Seite 114, damit sie knackig wird)
weiße Lebensmittelfarbe (auf Ölbasis und für Schokolade geeignet)
ODER
300 g weiße Candy Melts oder weiße Kuvertüre (muss nicht temperiert werden, schmeckt aber nicht so gut wie Tafelschokolade)

Tipp: Eine größere Menge Schokolade lässt sich besser temperieren, darum wird etwas übrig bleiben. Sie können die Reste problemlos wieder einschmelzen und anderweitig verwenden.

ZUM DEKORIEREN
Streusel
Minibrezeln
½ Rezeptmenge Zuckerglasur (Seite 16)
Lebensmittelfarbe oder -stifte in Schwarz und Orange
kleine Süßigkeiten

1 / Den Backofen auf 170 °C vorheizen. Eine runde Backform (18 cm ø) einfetten und mit Backpapier auslegen.

2 / Butter und Zucker mit dem Schneebesen des Handmixers oder der Küchenmaschine schaumig schlagen. Die Vanillepaste unterrühren. Die Eier nach und nach zur Butter-Zucker-Mischung geben und jeweils gut unterrühren.

3 / Mehl und Backpulver (oder glutenfreie Mehlmischung) zufügen und nur kurz verrühren. Die Milch zufügen und unterrühren, damit der Teig etwas weicher wird.

4 / Den Teig in die vorbereitete Form füllen und 15–20 Minuten backen, bis an einem in der Mitte eingestochenen Holzstäbchen keine Teigspuren haften. Auf ein Küchengitter stürzen, das Backpapier abziehen und den Teig ganz abkühlen lassen.

5 / Inzwischen für die Creme Butter und Puderzucker in einer Schüssel hell und schaumig aufschlagen. Vanille und Milch zugeben und nochmals aufschlagen. Die Creme wird dadurch etwas weicher.

6 / Vom abgekühlten Kuchen festere Krusten entfernen. Den Kuchen mit den Händen zerbröseln. Die Buttercreme zugeben und gründlich unterrühren.

7 / Mit den Händen aus der Masse kleine Kugeln formen (je ca. 30 g). Sie sollen möglichst ebenmäßig rund sein und eine glatte Oberfläche haben. Auf ein Backblech legen und 2 Stunden in den Kühlschrank stellen, bis sie sehr fest sind.

8 / Die weiße Schokolade oder Kuvertüre schmelzen und – falls gewünscht – weiße Lebensmittelfarbe einrühren. Kuvertüre kann wie folgt in der Mikrowelle geschmolzen werden: 20 Sekunden erhitzen, dann umrühren und erneut erhitzen. So oft wiederholen, bis die Kuvertüre flüssig ist. Alternativ Schokolade oder Kuvertüre in einer hitzebeständigen Schüssel über einem heißen Wasserbad schmelzen. Der Schüsselboden darf dabei das Wasser nicht berühren.

9 / Das Ende eines Stiels ca. 1 cm tief in die flüssige Schokolade tunken, dann in eine Teigkugel stecken. Mit allen Stielen und Kugeln wiederholen. 10 Minuten erstarren lassen.

10 / Die weiße Schokolade oder Kuvertüre temperieren (Seite 114). Jeden Cake-Pop komplett in die flüssige Schokolade tauchen. Einen großzügigen Klecks flüssige Schokolade auf Backpapier geben (für den geschmolzenen Schneemannkörper) und den Cake-Pop hineinsetzen.

11 / In die noch weiche Schokolade Zuckerperlen oder Ähnliches für die Knöpfe drücken. Stücke von Gebäckstangen oder Salzstangen als Arme anbringen, gern in verschiedenen Haltungen. 20 Minuten bei Zimmertemperatur erstarren lassen.

12 / Wenn die Schokolade fest ist, mit Zuckerglasur oder einem Lebensmittelstift in Schwarz Punkte für Augen und Mund aufmalen. Mit Zuckerglasur oder einem Lebensmittelstift in Orange Dreiecke als Nasen aufmalen. Mit einem Rest Zuckerguss kleine Süßigkeiten oder Schokoladenstücke als Hüte aufkleben. Dafür können Sie gern auch Reste verwerten.

13 / Vom Backpapier lösen, dann sind die Schneemänner servierbereit. Sie können bis zu drei Tagen im Kühlschrank aufbewahrt werden, weil die Buttercreme den Teig feucht hält.

SCHRITT 10 ▼

Vegane Alternative

NASSE MISCHUNG
½ TL Weißweinessig
140 ml Sojadrink
55 ml Sonnenblumenöl (oder anderes Pflanzenöl mit neutralem Geschmack)
½ EL Aquafaba
1 TL Vanillepaste oder Vanilleextrakt
1 Prise Salz

TROCKENE MISCHUNG
125 g Mehl
95 g Zucker
¾ EL Backpulver

VEGANE BUTTERCREME
70 g Kokosfett
140 g Puderzucker
1 TL Vanillepaste oder Vanilleextrakt

1 / Wie in Schritt 1 im Hauptrezept vorgehen, dann den veganen Teig zubereiten. Essig und Sojadrink in einer Schüssel verrühren, bis die Mischung gerinnt und eindickt. Die restlichen Zutaten der nassen Mischung zufügen und alles gut verrühren.

2 / Alle Zutaten für die trockene Mischung in einer zweiten Schüssel vermengen. Die nasse Mischung zugeben und kurz verrühren. Den Teig sofort in die vorbereitete Form füllen und 25–30 Minuten backen, bis an einem mittig eingestochenen Holzstäbchen keine Teigspuren haften.

3 / Den Kuchen auf ein Küchengitter stürzen und das Backpapier abziehen. Abkühlen lassen.

4 / Wie in Schritt 5–13 den Hauptrezepts vorgehen, aber die Milch weglassen. Die Creme nicht zu lange schlagen! Für den »Schnee« vegane weiße Schokolade und verwenden und mit veganen Süßigkeiten dekorieren.

»Ein Wetter zum Dahinschmelzen!«

Weiße Schoko-Eisschollen mit Minipinguinen

Jaffa-Plätzchen gelten als kompliziert, dabei besteht die einzige Schwierigkeit darin, sie dünn und gleichmäßig mit Schokolade zu überziehen. Wegen der Pinguine sehen diese Plätzchen aus wie Eisschollen, darum fällt kaum auf, wenn der Schokoladenüberzug nicht perfekt glatt ist. Wenn Kinder mitessen, ersetzen Sie den Alkohol durch Wasser.

ERGIBT 24 STÜCK

GELEE
1 Päckchen Himbeer-Götterspeise (Produkt für 500 ml Flüssigkeit, zum Kochen, kein Instant)
100 g Zucker
200 ml heißes Wasser
90 ml Himbeergeist

TEIG
Butter zum Einfetten
2 große Eier
50 g Zucker
60 g Mehl oder glutenfreies Mehl mit ⅛ TL Xanthan
½ TL Backpulver

ÜBERZUG
200 g weiße Schokolade, gehackt

PINGUINE
Fondant in Weiß, Schwarz und Orange
gelbe Zuckersternchen (ersatzweise gelber Fondant)

1 / Für das Gelee die Götterspeise mit Zucker und Wasser in einem Topf langsam erhitzen. Ständig rühren, bis Zucker und Gelatine aufgelöst sind. Nicht kochen lassen! Auf Zimmertemperatur abkühlen lassen, dann den Alkohol unterrühren. Die Mischung in eine flache Schale gießen. Die Schicht soll knapp 1 cm dick sein. Zum Festwerden in den Kühlschrank stellen.

2 / Den Backofen auf 170 °C vorheizen. Zwei 12er-Muffinbleche mit Butter einfetten.

3 / Für den Teig Eier und Zucker in einer großen Schüssel auf hoher Stufe 7 Minuten hell und schaumig aufschlagen. Mehl und Backpulver darübersieben und vorsichtig unterheben.

4 / In jede gefettete Muffinform etwa 1 Esslöffel Teig geben und die Oberfläche glattstreichen. 8–10 Minuten backen. Der Teig ist gar, wenn er sich von den Seiten der Form löst.

5 / 5 Minuten in der Form abkühlen lassen, dann auf ein Küchengitter stürzen und ganz abkühlen lassen.

6 / Die weiße Schokolade im Wasserbad schmelzen. Der Schüsselboden darf das Wasser nicht berühren. Inzwischen mit einer runden Ausstechform, deren Durchmesser etwas kleiner als die Kuchen ist, Kreise aus dem Gelee ausstechen.

7 /Die Pinguine aus weißem Fondant formen und teilweise mit dünn ausgerolltem schwarzem Fondant überziehen. Orangefarbenen Fondant für die Schnäbel verwenden, schwarzen Fondant für die Augen. Die Füße aus gelbem Fondant formen, falls keine gelben Zuckersternchen erhältlich sind. Die Sternchen mit etwas geschmolzener Schokolade unter die Körper kleben.

8 / Auf jeden abgekühlten Kuchen einen Geleekreis legen. Darauf einen Esslöffel geschmolzene weiße Schokolade geben und sorgfältig bis an den Rand verstreichen. Die Schokolade soll möglichst nicht an den Seiten der Kuchen heruntertropfen. Falls es doch passiert, lenken die niedlichen Pinguine davon ab.

»Kaffee-
spezialität
zum Anbeißen!«

Cappuccino mit Schlagsahne

Ein heißer Kaffee mit Schuss und einem Sahnehäubchen kommt bei Erwachsenen immer gut an. Top in Sachen Nachhaltigkeit: Hier werden die Tassen mitgegessen.

ERGIBT 18–24 STÜCK

100 g Butter, zimmerwarm, plus etwas mehr zum Einfetten
60 g Zucker
40 g hellbrauner Zucker
100 g verquirltes Vollei (ca. 2 mittelgroße Eier)
½ TL gemahlene Muskatnuss
¼ TL gemahlener Zimt
140 g Mehl
1½ TL Backpulver
1 EL saure Sahne

WEINBRANDSIRUP

20 g Zucker
20 ml kochendes Wasser
10 ml Weinbrand (kann weggelassen werden)

SAHNE

130 g Sahne mit hohem Fettgehalt
20 g Puderzucker
½ TL Vanillepaste oder Vanilleextrakt

ZUM DEKORIEREN

20–30 g Puderzucker
Minibrezeln
gemahlene Muskatnuss zum Bestreuen
Minimarshmallows

1 / Den Backofen auf 180 °C vorheizen. Ein Minimuffinblech einfetten.

2 / Butter und Zucker in einer Schüssel hell und schaumig aufschlagen. Die Eier nach und nach zugeben und jeweils gründlich unterrühren. Gewürze, Mehl, Backpulver und saure Sahne zufügen und nur kurz unterrühren.

3 / Den Teig in die gefetteten Förmchen geben. Die Förmchen nur zu drei Vierteln füllen, weil der Teig aufgeht. 15 Minuten backen, bis der Teig aufgegangen ist und auf Fingerdruck leicht nachgibt.

4 / Inzwischen für den Weinbrandsirup Zucker und kochendes Wasser in einer kleinen Glas- oder Porzellanschüssel verrühren. 30 Sekunden in der Mikrowelle erhitzen und danach umrühren. Mehrmals wiederholen, bis der Zucker aufgelöst ist. Den Weinbrand unterrühren. Beiseitestellen.

5 / Die kleinen Kuchen 5 Minuten in der Form abkühlen lassen, dann auf ein Küchengitter stürzen und ganz abkühlen lassen. Mit einem Holzspieß die Küchlein ein paar Mal einstechen und den Weinbrandsirup darüber träufeln.

6 / Den Puderzucker zum Dekorieren in eine kleine Schüssel geben und tropfenweise Wasser unterrühren, bis eine Paste entsteht. Ein Stück von einer Salzbrezel abbrechen und mit Zuckerpaste als Henkel ankleben.

7 / Die Sahne in einer Schüssel mit Puderzucker und Vanillepaste steif schlagen. In einen Spritzbeutel mit großer Sterntülle füllen und auf jeden Kuchen ein dickes Sahnehäubchen spritzen. Mit etwas gemahlener Muskatnuss bestreuen und mit Marshmallows garnieren.

Tipp: Für Schweinchen, Seehunde oder andere Figuren brauchen Sie Minimarshmallows, rosa eingefärbte Zuckerglasur (für die Rüsselnasen) und einen schwarzen Lebensmittelstift oder schwarz eingefärbte Zuckerglasur.

Weihnachtliche Windbeutel mit Schoko und Orange

Schokowindbeutel mit einer Füllung aus samtiger, mit Orange aromatisierter Schokoladencreme und noch mehr Schokolade obendrauf – da ist jeder Widerstand zwecklos.

Tipp: Wenn die Zeit zu knapp ist, um die Creme herzustellen, oder wenn Ihnen Zutaten dafür fehlen, können Sie die Windbeutel auch mit normaler Schlagsahne füllen, die mit etwas Puderzucker gesüßt und mit Orangenschale aromatisiert ist.

ERGIBT CA. 15 STÜCK

BRANDTEIG
55g Butter
150ml Wasser
1 Prise Salz
30g Mehl Type 405
30g Weizenmehl Type 550 (für glutenfreien Teig insgesamt 60g glutenfreies Mehl mit 1 Prise Xanthan)
2 mittelgroße Eier
10g Kakaopulver (ungesüßt)

KONDITORCREME
300ml Vollmilch
¾ TL Vanillepaste oder Vanilleextrakt
5 große Eigelb
100g Zucker
fein abgeriebene Schale von 1 Orange (bio)
20g Kakaopulver (ungesüßt)
45g Speisestärke
125g Sahne mit hohem Fettgehalt

ZUM DEKORIEREN
Puderzucker zum Bestreuen
Fondant in Grün (ca. 80g) und Rot (ca. 20g)
100g weiße Schokolade, grob gehackt
Zuckeraugen
½ Rezeptmenge Zuckerglasur (Seite 16)

1 / Den Backofen auf 200°C vorheizen.

2 / Für den Teig die Butter mit Wasser und Salz in einen kleinen Topf geben. Erhitzen, bis die Butter geschmolzen ist und die Mischung zu brodeln beginnt. Den Topf vom Herd nehmen und sofort das ganze Mehl zugeben. Mit einem Kochlöffel zügig rühren, bis der Teig zusammenhält und sich von der Topfwand löst.

3 / Den Teig in eine Schüssel geben und 15 Minuten abkühlen lassen. Schneller geht es, wenn Sie den Teig auf langsamer Stufe mit dem Knethaken durcharbeiten.

4 / Ein Ei zum Teig geben und auf niedriger Stufe unterrühren. Das zweite Ei in einer separaten Schüssel verquirlen, esslöffelweise zugeben und jeweils gut unterrühren. Der Teig soll glänzen, und beim Herausheben eines Löffels soll eine deutliche Spur zu sehen sein. Das Kakaopulver unterrühren.

5 / Den Teig in einen Spritzbeutel geben und eine mittelgroße Ecke abschneiden. Ein großes Backblech mit Backpapier oder einer Silikonmatte auslegen. Etwa 15 Teigkreise auf das Blech spritzen. Die Spitzen mit einem angefeuchteten Finger glätten.

6 / 10 Minuten backen, dann die Ofentemperatur auf 180 °C reduzieren und weitere 20–25 Minuten backen. Die Backofenklappe in den ersten 25 Minuten keinesfalls öffnen, sonst fallen die Windbeutel zusammen.

7 / Die fertig gebackenen Windbeutel sofort umdrehen und die Böden mit einem Messer einstechen. Das ist wichtig, damit heiße Luft aus dem Inneren entweichen kann.

8 / Während die Windbeutel abkühlen, die Konditorcreme zubereiten. Dafür Milch und Vanillepaste in einem mittelgroßen Topf bei schwacher bis mittlerer Hitze erhitzen, bis die Milch gerade zu brodeln beginnt. Eigelbe und Zucker in einer Schüssel schaumig aufschlagen. Orangenschale, Kakaopulver und Speisestärke zufügen und kurz unterrühren. Etwa ein Drittel der heißen Milch unter kräftigem Rühren zur Eiermischung gießen. Die restliche Milch unter ständigem Rühren zufügen, dann alles wieder in den Topf geben.

9 / Bei mittlerer Hitze unter ständigem Rühren sanft erhitzen, bis die Creme stark eindickt. Wenn sie sich mit einem Schneebesen schlecht rühren lässt, einen Spatel verwenden. Über den ganzen Topfboden bis an die Ränder rühren. Die fertige Konditorcreme in eine flache Metallschale gießen (durch ein feines Sieb streichen, falls sich Klümpchen gebildet haben). Mit Frischhaltefolie abdecken; die Folie muss auf der Oberfläche der Creme liegen. Im Kühlschrank abkühlen lassen.

10 / Die kalte Konditorcreme durchrühren, um sie etwas zu lockern. Die Sahne steif schlagen und vorsichtig unter die Creme heben. Diese Mischung nennt man Diplomatencreme. In einen Spritzbeutel füllen und bis zur weiteren Verwendung in den Kühlschrank legen.

11 / Die Diplomatencreme durch die zuvor gestochenen Öffnungen in die Windbeutel spritzen, dabei die Höhlungen ganz ausfüllen.

12 / Die Dekoration vorbereiten. Etwas Puderzucker auf die Arbeitsfläche streuen. Den grünen Fondant darauf ausrollen. Mit einem Blattausstecher für jeden Windbeutel drei Blätter vorbereiten. Aus rotem Fondant mit den Fingern für jeden Windbeutel drei kleine »Beeren« rollen.

13 / Die Schokolade in eine mikrowellengeeignete Schüssel geben. 20 Sekunden lang in der Mikrowelle erhitzen und danach umrühren. Mehrmals wiederholen, bis die Schokolade zähflüssig ist.

14 / Auf jeden Windbeutel etwas Schokolade geben und kontrolliert herunterlaufen lassen. Blätter und Beeren mit Zuckerglasur mittig auf den Windbeuteln festkleben. Zuckeraugen ankleben und kleine Nasen oder Münder mit Zuckerglasur ergänzen.

Beschwipste Schneemänner

Schneemänner aus Windbeuteln mit einer Sahnefüllung und feinem Whiskyaroma – köstlich, wenn man sich denn überwinden kann, die niedlichen Kerlchen anzubeißen.

ERGIBT 18–24 STÜCK

BRANDTEIG
85 g Butter
225 ml Wasser
1 Prise Salz
50 g Mehl Type 405
50 g Weizenmehl Type 550 (für glutenfreien Teig insgesamt 100 g glutenfreies Mehl mit ¼ TL Xanthan)
2–3 mittelgroße Eier

IRISH-CREAM-FÜLLUNG
480 g Sahne mit hohem Fettgehalt
4 EL Puderzucker
1 EL Whisky-Sahne-Likör

VANILLE-ZUCKERGUSS
200 g Puderzucker
40–50 ml Wasser
½ TL Vanillepaste oder Vanilleextrakt

EXTRAS
Gebäckstäbchen oder Salzstangen (Salz abstreifen)
Streusel
½ Rezeptmenge Zuckerglasur (Seite 16)
Lebensmittelfarbe in Orange und Schwarz (oder Zuckerformen)
Fondant, Früchte, Nüsse, Zuckerstangen usw. (nach Belieben)

1 / Den Backofen auf 200 °C vorheizen.

2 / Für den Teig die Butter mit Wasser und Salz in einen kleinen Topf geben. Erhitzen bis die Butter geschmolzen ist und die Mischung zu brodeln beginnt. Den Topf vom Herd nehmen und sofort das ganze Mehl zugeben. Mit einem Kochlöffel zügig rühren, bis der Teig zusammenhält und sich von der Topfwand löst.

3 / Den Teig in eine Schüssel geben und 5–10 Minuten abkühlen lassen. Schneller geht es, wenn Sie den Teig auf langsamer Stufe mit dem Knethaken durcharbeiten.

4 / Zwei Eier nacheinander zum Teig geben und jeweils gut unterrühren. Das dritte Ei in einer Schüssel verquirlen, esslöffelweise zugeben und jeweils gut unterrühren, bis der Teig die richtige Konsistenz hat. Eventuell wird wenig vom dritten Ei benötigt, darum ist wichtig, es löffelweise zuzugeben. Der Teig soll glänzen, und beim Herausheben eines Löffels soll eine deutliche Spur zu sehen sein.

5 / Den Teig in einen Spritzbeutel geben und eine mittelgroße Ecke abschneiden. Zwei Backbleche mit Backpapier oder Silikonmatten auslegen. 20 Kreise mit 3 cm Durchmesser auf ein Blech spritzen.

6 / 10 Minuten backen, dann den Ofen auf 180 °C herunterschalten und weitere 20–25 Minuten backen. Die Backofenklappe in den ersten 25 Minuten keinesfalls öffnen, sonst fallen die Windbeutel zusammen.

7 / Aus dem restlichen Teig 20 Kreise mit 2,5 cm Durchmesser auf das andere Backblech spritzen. Falls Teig übrig bleibt, weitere Kreise spritzen und anderweitig verwenden.

8 / Die ersten Windbeutel nach dem Backen sofort umdrehen und die Böden mit einem Messer einstechen, damit heiße Luft aus dem Inneren entweichen kann, und damit ein Hohlraum für die Füllung entsteht. Die Windbeutel auf dem zweiten Blech 10 Minuten bei 200 °C, dann weitere 10 Minuten bei 180 °C backen.

9 / Inzwischen alle Zutaten für die Füllung in eine große, fettfreie Schüssel geben und auf mittlerer bis hoher Stufe steif schlagen. Nicht zu lange schlagen! In einen Spritzbeutel füllen und eine kleine Spitze abschneiden.

10 / Die Füllung durch die zuvor geschnittenen Löcher in die Windbeutel spritzen. Die Höhlungen sollen ganz gefüllt sein.

11 / Alle Zutaten für den Guss in einer Schüssel verrühren und die Windbeutel damit überziehen. Jeweils einen kleinen Windbeutel auf einen größeren setzen.

12 / Bruchstücke von Gebäckstäbchen als Arme einstecken und Zuckerperlen als Knöpfe befestigen. Sie halten, wenn man sie in die Glasur drückt, kurz bevor diese fest wird. Alternativ mit etwas Glasur festkleben. Die Gesichter mit etwas schwarz und orange gefärbter Zuckerglasur aufmalen oder Lebensmittelstifte verwenden. Als Dekoration eignen sich außerdem Süßigkeiten, Fondant oder kandierte Früchte, etwa als Hütchen.

Schritt 11 ▼

Schritt 12 ▲

Yuzu-Törtchen mit Erdbeeren und Sahne

Die Törtchen sehen nicht nur zauberhaft aus, sondern schmecken durch die Mischung aus erfrischender Yuzucreme, milder Sahne und fruchtigen Erdbeeren auch umwerfend frisch und leicht. Statt Yuzu kann auch Zitrone verwendet werden, und wer ganz wenig Zeit hat, nimmt für die Füllung gekauftes Lemoncurd.

ERGIBT 6 STÜCK

TEIG

125g leicht gesalzene Butter, zimmerwarm, plus etwas mehr zum Einfetten
180g Mehl (oder glutenfreies Mehl mit ½ TL Xanthan), plus etwas mehr zum Arbeiten
30g Zucker
1 mittelgroßes Ei

YUZUCREME

180ml Yuzusaft
2 EL Yuzuschale (bio), sehr fein gehackt
150g gesalzene Butter
2 große Eier
2 Eigelb
250g Zucker

VEGANE YUZUCREME

200ml Yuzusaft
2 EL Yuzuschale (bio), sehr fein gehackt
240g Zucker
2½ EL Speisestärke
60ml Kokosmilch
80g Kokosöl

SAHNE

150g Sahne mit hohem Fettgehalt (Sojasahne als vegane Alternative)
30g Puderzucker

EXTRAS

6–12 Erdbeeren
schwarzer Fondant
Zuckerstreusel

1 / Sechs Torteletttförmchen (10cm Durchmesser) mit Butter einfetten.

2 / Das Mehl (oder glutenfreies Mehl und Xanthan) in eine große Schüssel geben. Die Butter in Flöckchen zugeben und mit dem Mehl zügig zu einer bröseligen Masse verarbeiten. Den Zucker unterrühren. Das Ei in einer separaten Schüssel verquirlen. 2 Esslöffel verquirltes Ei zu den Teigzutaten geben und unterrühren. Den Teig mit den Händen zur Kugel formen.

3 / Die Arbeitsfläche großzügig mit Mehl bestäuben. Den Teig darauf ausrollen und Kreise mit 12cm Durchmesser ausstechen. In die Förmchen legen, vorsichtig an Boden und Seiten drücken und die oberen Ränder gerade abschneiden. Die Böden mehrmals mit einer Gabel einstechen.

4 / Die Förmchen 20 Minuten in den Kühlschrank stellen (oder ins Gefrierfach, um Zeit zu sparen). Den Backofen auf 180°C vorheizen.

5 / Die Törtchen mit Alufolie abdecken, dann bis an den Rand mit Backbohnen, Reis oder Linsen beschweren und 15 Minuten blindbacken.

6 / Backbohnen und Folie abnehmen und weitere 5–10 Minuten backen, bis die Törtchen goldbraun sind. Aus den Förmchen lösen und abkühlen lassen. Inzwischen die Zitruscreme zubereiten.

7 / Für die Füllung Yuzusaft und -schale mit der Butter in einem Topf auf mittlerer Stufe erhitzen, bis die Butter geschmolzen ist. Eier, Eigelbe und Zucker in einer Schüssel aufschlagen. Etwa ein Sechstel der heißen Fruchtbutter unter ständigem Rühren in die Eiermischung gießen, dann alles wieder in den Topf geben. Auf mittlerer Stufe unter ständigem Rühren erhitzen, bis die Mischung eindickt und an der Rückseite eines Kochlöffels haftet. Beim Abkühlen wird die Creme noch deutlich fester.

8 / Für vegane Zitruscreme Yuzusaft und -schale, Zucker und Speisestärke in einem kleinen Topf auf mittlerer Stufe erhitzen, bis die Mischung eindickt und an der Rückseite eines Kochlöffels haftet. Vom Herd nehmen und Kokosmilch sowie Kokosöl zugeben und rühren, bis die Creme glatt ist. In eine Schüssel gießen und mit Frischhaltefolie abdecken (sie muss auf der Oberfläche der Creme liegen, damit sich keine Haut bildet). 1 Stunde ins Gefrierfach stellen. Die Creme ist anfangs recht flüssig, dickt aber beim Abkühlen stark nach.

9 / Die Törtchen mit der Creme füllen und mindestens 4 Stunden im Kühlschrank fest werden lassen.

10 / Die Törtchen dekorieren: Die Sahne in einer großen Schüssel mit dem Puderzucker steif schlagen. 2 Esslöffel Sahne in einen Spritzbeutel füllen und eine kleine Ecke abschneiden. Die restliche Sahne in einen anderen Spritzbeutel füllen und eine mittelgroße Ecke abschneiden. Vom dicken Ende einer Erdbeere ein wenig glatt abschneiden, sodass sie steht. Dann das obere Drittel der Erdbeere als Hütchen abschneiden.

11 / Mit dem Spritzbeutel mit der mittleren Öffnung eine dekorative Basis für die Erdbeere auf die Zitruscreme spritzen. Das dicke Teil der Erdbeere auf die Sahne setzen. Darauf einen Tupfer Sahne spritzen und das obere Drittel der Erdbeere aufsetzen. Mit dem Spritzbeutel mit der kleinen Öffnung die Knöpfe und den Pompon auf der Mütze spritzen. Wer möchte, deutet kleine Arme an. Dann den Spritzbeutel mit der Sahne in einen anderen Spritzbeutel mit Sterntülle stecken und den Bart des Weihnachtsmanns spritzen. Für die Augen winzige Kügelchen aus schwarzem Fondant rollen und andrücken. Wer möchte, setzt noch einen Zuckerstern auf die Mütze. Wenn die Erdbeeren klein sind, passen locker zwei Weihnachtsmänner auf ein Törtchen.

Käsetörtchen-Schneekugeln

Durchsichtige Kugeln kann man aus Gelatine selbst machen, aber das ist mühsam, und sie schmecken auch nicht sonderlich gut. Nehmen Sie also ruhig echte Glaskugeln, damit sehendiese Käsetörtchen wirklich beeindruckend aus. Unter die Quarkmischung können Sie verschiedene aromatische Zutaten mischen, beispielsweise Lemon Curd, Konfitüre, Erdnussmus, frische Beeren oder Karamell. Für die Figuren in den Kugeln sind der Fantasie keine Grenzen gesetzt. Formen Sie Pandas, Pinguine, Füchse, Kätzchen oder vielleicht Ebenbilder der Gäste. Für Boden und Quarkfüllung gibt es verschiedene Varianten.

Wer sich vegan und glutenfrei ernährt, sollte den Boden 2 probieren. Er unterscheidet sich vom traditionellen Käsekuchenboden, schmeckt aber wunderbar. Die gebackene vegane Füllung schmeckt ähnlich wie ein üblicher Käsekuchen. Die rohe Füllung schmeckt zwar anders, ist aber so üppig, dass manche Nicht-Veganer sie sogar bevorzugen. Sie benötigen Ramequinförmchen und Glaskugeln, die gut darauf passen.

ERGIBT 6–8 STÜCK

BODEN

250 g Vollkornbutterkekse (evtl. vegan/glutenfrei oder Spekulatius, Seite 12)
100 g zerlassene Butter (oder vegane Alternative oder 80 ml zerlassenes Kokosöl)

BODEN 2 (VEGAN UND GLUTENFREI)

150 g Datteln (oder etwas weniger, wenn man es nicht so süß mag)
150 g blanchierte gemahlene Mandeln oder Nüsse
1 Prise Salz
20 ml Kokosöl

FÜLLUNG

300 g Frischkäse
150 g Sahne mit hohem Fettgehalt
150 g Mascarpone
100 g Zucker
fein abgeriebene Schale von 1 Zitrone (bio)

VEGANE FÜLLUNG 1

180 g Cashews
abgeriebene Schale und Saft von 1 Zitrone (bio)
60 ml Kokosöl, zerlassen
150 ml Kokosmilch
120 g Agavendicksaft, heller Sirup o. Ä.

VEGANE FÜLLUNG 2 (GEBACKEN)

300 g Seidentofu
260 g veganer Frischkäse
1½ EL Speisestärke
135 g Zucker
25 ml Kokosöl, flüssig
fein abgeriebene Schale von 2 Zitronen (bio)

ZUM DEKORIEREN

Fondant
Puderzucker zum Bestreuen (nach Belieben)

1 / Für den Boden die Kekse in einen Gefrierbeutel geben und mit einem Rollholz fein zerdrücken. In eine Schüssel schütten und mit der zerlassenen Butter (oder Ersatz) übergießen. Gut verrühren. Die Masse auf 6–8 Ramequinförmchen verteilen und gleichmäßig an den Boden drücken. 1–2 Stunden zum Festwerden in den Kühlschrank stellen.
Für vegane und glutenfreie Böden die Datteln im Mixer fein zerkleinern. Mandeln, Salz und Kokosöl zugeben und nochmals mixen, bis eine krümelige Paste entstanden ist. In die Förmchen füllen, andrücken und kühlen.

2 / Für die Füllung alle Zutaten in einer Schüssel verrühren. Für die vegane, ungebackene Variante zuerst die Cashewkerne in einer Schüssel mit kochendem Wasser übergießen, 30 Minuten einweichen, dann das Wasser abgießen. Die Cashews mit Zitronensaft und -schale im Mixer glatt pürieren. Kokosöl, Kokosmilch und Agavendicksaft zugeben und nochmals mixen, bis die Masse ganz glatt ist. Nach Belieben die Füllung noch verfeinern, zum Beispiel mit Erdnussmus, Konfitüre, frischen Beeren, Schokolade oder Lemon Curd. Die jeweilige Füllung auf die gekühlten Böden in den Förmchen füllen. 4–6 Stunden zum Festwerden in den Kühlschrank stellen. Für die gebackene vegane Variante den Backofen auf 160 °C vorheizen. Den Tofu im Mixer glatt pürieren, dann den veganen Frischkäse zugeben und erneut pürieren. 2 Esslöffel der Masse abnehmen und in einer separaten Schüssel mit der Speisestärke verrühren. Wieder zur Tofumasse geben. Zucker, Kokosöl und Zitronenabrieb zufügen und glatt verrühren. Auf die gekühlten Böden füllen und 20 Minuten backen, bis die Oberfläche leicht gebräunt ist. Die Masse soll noch etwas weich sein. 6 Stunden im Kühlschrank fest werden lassen.

3 / Die fertigen Küchlein mit Fondantfiguren garnieren, die Glaskugeln darüberstülpen und mit Puderzucker bestreuen.

Tipp: Sie können beliebige Figuren aus Fondant formen. Für Farbverläufe wie bei der Katze Lebensmittelfarbe mit etwas Wasser oder Schnaps verdünnen und den Fondant damit bemalen.

Zarte Igelplätzchen

Diese kleinen Igel sind in doppeltem Sinne süß. Ihren ungemein zarten, geradezu schmelzenden Biss verdanken sie der Kartoffelstärke im Teig. Man kann auch normales Mehl verwenden, aber dann ähneln sie eher normalen Mürbeteigplätzchen und die besondere Konsistenz geht verloren. Zum Verzieren eignen sich alle Arten von Streuseln.

ERGIBT 15–20 STÜCK

125 g gesalzene Butter, zimmerwarm, gewürfelt
40 g Puderzucker
½ TL Vanillepaste oder Vanilleextrakt
125 g Kartoffelstärke, plus etwas mehr für die Arbeitsfläche
80 g Mehl oder glutenfreies Mehl mit ½ TL Xanthan)

EXTRAS

150 g Zartbitterschokolade, grob gehackt
Minibrezeln
sehr kleine Zuckerstreusel
braune Zuckerperlen

1 / Butter und Puderzucker mit dem Schneebesen der Küchenmaschine oder des Handmixers schaumig schlagen. Die Vanillepaste unterrühren. Kartoffelstärke und Mehl (oder glutenfreies Mehl und Xanthan) darübersieben und alles mit einem Spatel nur kurz vermengen, bis der Teig zusammenhält.

2 / Mit den Händen aus dem Teig kleine Kugeln à 20–25 g rollen, anschließend zu Tropfen formen. Der Teig ist etwas klebrig, darum empfiehlt es sich, die Hände zwischendurck in Kartoffelstärke zu drücken. Den Teig möglichst zügig formen. Je weniger er modelliert und geknetet wird, desto zarter und mürber werden die Plätzchen.

3 / Ein Backblech mit Backpapier auslegen. Die Igelrohlinge auf das Blech setzen und 15–30 Minuten in den Kühlschrank stellen. Den Backofen auf 160 °C vorheizen.

4 / 15–20 Minuten backen (kleinere Igel sind schneller gar). Die Plätzchen gehen zwar leicht auf, halten aber gut die Form.

5 / Die Plätzchen 5 Minuten auf dem Blech abkühlen lassen, dann vorsichtig auf ein Küchengitter heben und ganz abkühlen lassen. Vorsicht, die Plätzchen sind sehr zerbrechlich, aber darum sind sie eben auch so zart!

6 / Die dunkle Schokolade in eine kleine mikrowellengeeignete Schüssel mit hohem Rand geben. In der Mikrowelle 20 Sekunden erhitzen, herausnehmen und umrühren. Mehrmals wiederholen, bis die Schokolade ganz geschmolzen ist.

7 / Die Plätzchen so mit der Schokolade überziehen, dass das Gesicht frei bleibt. Salzbrezeln in Stücke brechen. Die Stücke wie Geweihe seitlich an die Igelkörper setzen und leicht in den Teig drücken, damit sie halten. Die Igel mit Streuseln bestreuen, solange die Schokolade noch weich ist.

8 / Die restliche flüssige Schokolade mit einem Teigschaber in einen Spritzbeutel füllen und eine sehr kleine Ecke abschneiden. Mit einem winzigen Tupfer Schokolade eine runde Zuckerperle als Nase befestigen, dann zwei kleine Punkte als Augen aufspritzen.

Rotkehlchen

Diese Plätzchen sehen niedlich aus und sind leicht zu backen. Etwas raffinierter ist nur das rote »Fenster«. Sie können es aber auch weglassen oder zwei Plätzchen zusammensetzen, ähnlich wie die Polarfüchse auf Seite 118.

ERGIBT 12 STÜCK

TEIG

1 Rezeptmenge Spekulatiusteig (Seite 12; nach Belieben mit fein abgeriebener Schale von 2 Zitronen oder 2 Orangen verfeinert)
Mehl für die Arbeitsfläche

ZUCKERFENSTER

225 g Zucker
150 g Glukosesirup
50 ml Wasser
Lebensmittel-Gelfarbe in Orange

EXTRAS

1 Rezeptmenge Zuckerglasur (Seite 16; Veganer nehmen statt Eiweiß Aquafaba)
Lebensmittel-Gelfarbe in Orange und Schwarz
Zuckerstreusel nach Wahl

1 / Ein Backblech, das in den Kühlschrank passt, mit Backpapier auslegen. Den Spekulatiusteig gemäß Rezept auf Seite 12 zubereiten.

2 / Den Teig auf einer leicht bemehlten Arbeitsfläche ausrollen und Kreise von etwa 7 cm Durchmesser ausstechen. Auf das vorbereitete Backblech legen. Aus der Hälfte der Kreise einen kleineren Kreis (ca. 4 cm Durchmesser) im unteren Drittel ausstechen (siehe Foto rechts).

3 / Die Plätzchen gemäß Anleitung backen und auf dem Backpapier abkühlen lassen.

4 / Das Zuckerfenster zubereiten: Zucker, Glukosesirup und Wasser in einem kleinen Topf verrühren. Einen Tropfen Lebensmittel-Gelfarbe in Orange zufügen. Auf hoher Stufe erhitzen, aber nicht rühren, bis die Mischung 150 °C erreicht hat. Den Topf vom Herd nehmen und den Sirup mit einem Löffel in die Ausschnitte füllen und sofort mit Zuckersternen bestreuen. 20 Minuten beiseitestellen, bis das Zuckerfenster hart ist, dann vom Backpapier heben.

5 / Die Zuckerglasur gemäß Anleitung auf Seite 16 zubereiten. Ein Drittel der Mischung in einen Spritzbeutel füllen, die restliche Glasur auf zwei Schälchen verteilen. Eine Portion schwarz einfärben, die andere orange. Auch diese Glasuren in kleine Spritzbeutel füllen und jeweils eine winzige Ecke abschneiden. Augen, Schnäbel und Füße der Vögel aufspritzen (siehe Foto). Zusätzlich können Flügel angebracht werden. Dafür den restlichen Zucker-Glukose-Sirup etwas abkühlen lassen, dann mit den Händen zu einem langen Band ziehen und mit einer Schere in Stücke schneiden. Sie können die Flügel aber auch weglassen – die Rotkehlchen sehen trotzdem extrem schnuffig aus.

Festliche Hasen-Madeleines

Wer sagt, dass Hasen nur zu Ostern Saison haben? Diese Madeleines sind wunderbar weich und locker, und im Gegensatz zu anderen Rezepten muss der Teig nicht über Nacht ruhen. Backen Sie lieber ein paar mehr, denn sie werden reißend Absatz finden!

ERGIBT 12 STÜCK

MADELEINETEIG
100 g Zucker
2 mittelgroße Eier
70 g gesalzene Butter, plus etwas mehr zum Einfetten
135 g Mehl (oder glutenfreies Mehl mit ¼ TL Xanthan)
1 TL Backpulver
30 ml Vollmilch
fein abgeriebene Schale von 1 Zitrone (bio)

VEGANER MADELEINETEIG
125 g Mehl (oder glutenfreies Mehl mit ¼ TL Xanthan)
4 EL Speisestärke
1¼ TL Backpulver
100 g Zucker
125 ml Sojadrink
3 EL Pflanzenöl
fein abgeriebene Schale von 1 Zitrone (bio)

ROSENGLASUR
40–45 ml Wasser
200 g Puderzucker, plus etwas mehr zum Spritzen
einige Tropfen Rosenwasser
Lebensmittelfarbe in Rosa, Schwarz und Rot

EXTRAS
Puderzucker zum Ausrollen
Fondant in Grün und Rot

1 / Für den Teig Zucker und Eier in einer Schüssel auf hoher Stufe 7 Minuten dick und schaumig aufschlagen. Das geht am besten in der Küchenmaschine. Inzwischen die Butter in der Mikrowelle in kurzen Intervallen zerlassen. Sie soll gerade eben flüssig sein, aber nicht zu heiß. Mehl (oder glutenfreies Mehl und Xanthan) und Backpulver in eine separate Schüssel geben.

2 / Die Milch zum Eierschaum geben, dann Mehl und Backpulver darübersieben. Die Zitronenschale zufügen und alles nur kurz unterheben.

3 / Den Teig mit Frischhaltefolie abdecken und 30 Minuten im Gefrierfach fester werden lassen. Etwas Butter zerlassen und damit die Madeleineform einfetten. Die Form ebenfalls ins Gefrierfach stellen. Den Backofen auf 220 °C vorheizen.

4 / Den gekühlten Teig in einen Spritzbeutel geben und eine mittelgroße Ecke abschneiden. 12–15 Tupfer in die gefettete Form spritzen. In den Ofen schieben und sofort die Temperatur auf 200 °C herunterschalten. 8–12 Minuten backen, bis die Madeleines aufgegangen sind und an den Rändern hellbraun werden. Aus der Form nehmen und auf einem Küchengitter abkühlen lassen.

5 / Für die Rosenglasur Wasser und Puderzucker in einer Schüssel verrühren. Die Mischung soll glatt und recht flüssig sein, aber auf der Rückseite eines Löffels undurchsichtig erscheinen. Das Rosenwasser unterrühren. Die Glasur in eine Tasse füllen (groß genug, um die Madeleines einzutauchen) und mit Frischhaltefolie abdecken.

6 / Die abgekühlten Madeleines mit dem runden Ende so in die Rosenglasur tauchen, dass knapp die Hälfte der Oberfläche glasiert wird. Zum Festwerden wieder auf ein Küchengitter legen.

7 / Unter die verbliebene Glasur mehr Puderzucker rühren, sodass sie fester wird und gespritzt werden kann. In drei Schälchen verteilen. Eine Portion rot einfärben, eine grau, die dritte bleibt weiß. Die Glasuren in kleine Spritzbeutel füllen und winzige Ecken abschneiden. Mit der weißen Glasur die Ohren spritzen. Erstarren lassen. Dann mit der roten Glasur die Ohren ausfüllen und Wangen und Nase spritzen. Die graue Glasur für Augen und Maul verwenden.

8 / Die Arbeitsfläche mit Puderzucker bestäuben und eine kleine Menge grünen Fondant ausrollen. Kleine Blättchen ausstechen. Aus rotem Fondant winzige Kugeln rollen. Blätter und Kugeln mit der restlichen Glasur auf den Hasen festkleben.

VEGANE ALTERNATIVE
Alle Zutaten verrühren, dann Schritt 3–8 der Anleitung folgen.

Weihnachtstrolle

In Island spielt der Weihnachtsmann keine große Rolle. Stattdessen streifen dort 13 Trolle und eine Katze umher und treiben ihr Unwesen. Für artige Kinder haben sie Geschenke dabei, unartigen stecken sie alte Kartoffeln in die Schuhe. Jeder Troll hat seinen eigenen Charakter und seine typischen Verhaltensweisen. Versuchen Sie, das beim Dekorieren der kleinen Kuchen mit viel Fantasie umzusetzen.

Geschmack und Konsistenz fallen am besten aus, wenn man den Teig über Nacht ruhen lässt. Ich habe sie aber auch schon am gleichen Tag gebacken, und sie waren köstlich. Der Teig ist in 10 Minuten fertig. Man kann ihn im Kühlschrank aufbewahren und alle paar Tage eine Portion frischer Kuchen backen – sehr praktisch! Falls Sie Bienenwachs verarbeiten, denken Sie daran, dass es an allem festklebt, mit dem es in Kontakt kommt. Außerdem werden Sie Bienenwachs vermutlich für kein anderes Rezept benötigen. Trotzdem lohnt sich ein Versuch, denn die Küchlein schmecken einfach himmlisch. Aber selbst wenn Sie preiswerte Cannelé-Formen verwenden und mit Butter fetten, schmecken die Kuchen unglaublich gut: innen weich und außen karamellig-knusprig. Am besten isst man sie frisch aus dem Ofen.

ERGIBT 12–14 STÜCK

500 ml Vollmilch
1 EL Vanillepaste oder Vanilleextrakt (oder 2 Vanillestangen)
200 g Zucker
2 mittelgroße Eier
2 mittelgroße Eigelb
50 g gesalzene Butter, plus etwas Butter (oder 60 % Bienenwachs und 40 % Butter) für die Formen
100 g Weizenmehl Type 550 (oder glutenfreies Mehl mit ¼ TL Xanthan)
3½ EL Rum

ZUCKERGUSS

100 g Puderzucker, plus etwas mehr zum Einstellen der Konsistenz
20 ml Wasser, plus etwas mehr zum Einstellen der Konsistenz

SAHNE

100 g Sahne mit hohem Fettgehalt
20 g Puderzucker
Lebensmittelfarben

ZUM DEKORIEREN

Zuckerstreusel
Zuckeraugen
essbare Gold- und Silberfarbe
Minibrezeln
Salzstangen, -brezel (Salzkristalle abstreifen) oder Gebäckstäbchen

1 / Milch und Vanille (oder aufgeschlitzte Vanillestangen) in einem kleinen Topf bis an den Siedepunkt erhitzen. Den Herd abschalten und die Milch 3 Minuten ziehen lassen, dann die Vanillestangen, falls verwendet, entfernen.

2 / Inzwischen Zucker, Eier und Eigelbe in einer großen Schüssel hell aufschlagen. Die Butter in 15-Sekunden-Intervallen in der zerlassen, dann unter die Eimischung rühren.

3 / Das Mehl (oder glutenfreies Mehl und Xanthan) in eine andere Schüssel geben. Ein Viertel der Vanillemilch zu den Eiern geben und unterrühren. Ein Viertel des Mehls zugeben und ebenfalls unterrühren. Abwechselnd wiederholen, bis alles verarbeitet ist. Zuletzt den Rum einrühren. Die Schüssel mit Frischhaltefolie abdecken und bis zum nächsten Tag in den Kühlschrank stellen.

4 / Den Backofen auf 250 °C vorheizen und die Formen vorbereiten. Geeignet sind alle Cannelé-Formen, aber in Formen aus Kupfer gelingen die Küchlein am besten. Formen aus anderem Metall oder Silikon einfach mit etwas Butter einfetten. Für Kupferformen genügt Butter, aber mit einer Mischung aus 60% Bienenwachs und 40% Butter (in kurzen Intervallen in der Mikrowelle geschmolzen) wird die Kruste noch knuspriger und glänzt schön. Um die Formen dünn und gleichmäßig zu fetten, die Mischung hineingießen, schwenken und sofort wieder ausgießen.

5 / Die Formen bis 1 cm unter dem Rand mit Teig füllen und 10 Minuten backen. Dann den Ofen auf 180 °C herunterschalten und weitere 45 Minuten backen. Die Oberfläche soll kräftig goldbraun und karamellisiert sein.

6 / Sofort aus den Formen lösen (falls nötig, die Formen auf die Arbeitsfläche stoßen) und auf einem Küchengitter abkühlen lassen.

7 / Für den Zuckerguss Puderzucker und Wasser in einer Schüssel verrühren. In einer weiteren Schüssel die Sahne mit dem Puderzucker und Lebensmittelfarbe, falls verwendet, steif schlagen. Die abgekühlten Küchlein verzieren: Sahnehäubchen aufspritzen und wie kleine Tannenbäume dekorieren. Sie können Zuckerguss an den Seiten herunterlaufen lassen, Streusel oder Zuckeraugen anbringen oder Verzierungen mit Zuckerglasur aufspritzen. Stücke von Salzstangen oder -brezeln können als Arme oder Ohren dienen. Lassen Sie sich etwas einfallen!

Vegane Alternative

Die Kruste wird etwas dicker als im Grundrezept, aber das Innere ist herrlich weich.

500 ml Sojadrink oder anderer Pflanzendrink
200 g Zucker
60 g Weizenmehl Type 550
(oder glutenfreies Mehl mit ¼ TL Xanthan)
100 g Speisestärke
1 EL Vanillepaste oder Vanilleextrakt
40 g Kokosöl, zerlassen
3 EL Rum

Sojadrink, Zucker, Mehl (oder glutenfreies Mehl und Xanthan) und Speisestärke in einer großen Schüssel verrühren. Vanillepaste, zerlassenes Kokosöl und Rum zugeben und nochmals umrühren.
Die Schüssel mit Frischhaltefolie abdecken und bis zum nächsten Tag in den Kühlschrank stellen.
Schritt 4–6 des Hauptrezepts folgen. Die Trolle ebenso verzieren, aber statt Schlagsahne eine vegane Alternative verwenden. Der feste Anteil von Kokosmilch oder Kokoscreme lassen sich, nachdem sie über Nacht gekühlt wurden, gut aufschlagen. Alternativ vegane Schlagcreme verwenden.

Marshmallow-Seehunde im weißen Schoko-Iglu

Für dieses Rezept brauchen Sie eine Küchenmaschine, weil sehr viel gerührt werden muss. Außerdem benötigen Sie ein Zuckerthermometer. Darüber hinaus ist die Zubereitung recht einfach. Die Marshmallows sind in diesem Rezept nur mit Vanille verfeinert, Sie können aber auch andere Aromen wählen, beispielsweise Rose, Mandel, Orange oder Minze. Das Iglu ist ein Extra, das Sie auch weglassen könnten. Es sieht mit Iglu wird eine arktische Szene daraus, und die Zubereitung macht Spaß.

Tipp: Es müssen nicht unbedingt Seehunde sein. Wer möchte, kann auch andere Figuren spritzen, vielleicht Eisbären, Küken (mit gelber Lebensmittelfarbe), Katzen, Schweinchen (mit rosa Lebensmittelfarbe) oder andere Lieblingstiere.

ERGIBT 25–40 STÜCK

SEEHUNDE
Öl zum Einfetten
60 g Puderzucker
60 g Speisestärke
110 ml Wasser
3 TL gemahlene Gelatine
170 g Zucker
140 g Glukose- oder Maissirup
1 Prise Salz
1 TL Vanillepaste oder Vanilleextrakt
Lebensmittelstift in Schwarz

IGLU AUS WEISSER SCHOKOLADE
400 g hochwertige weiße Schokolade oder vegane weiße Schokolade, gehackt
weiße Lebensmittelfarbe, geeignet für Schokolade

ODER
300 g weiße Candy Melts (müssen nicht temperiert werden, schmecken aber nicht so gut wie weiße Schokolade)

CRÈME ANGLAISE (NACH BELIEBEN)
115 g Sahne mit hohem Fettgehalt (für Veganer Kokosmilch)
115 ml Vollmilch oder veganer Pflanzendrink
1 TL Vanillepaste oder Vanilleextrakt
4 mittelgroße Eigelb (für Veganer 1 EL Speisestärke und 1 kleine Prise Kurkuma zum Färben)
60 g Zucker

Tipp: Temperierte Schokolade, die vom Iglu übrig bleibt, können Sie aufbewahren und anderweitig verarbeiten.

1 / Zuerst die Marshmallows zubereiten. Zwei große Backbleche einölen. 40 g Puderzucker und 40 g Speisestärke mischen und gleichmäßig und nicht zu dünn auf die Bleche sieben. Das ist wichtig, damit die Marshmallows nicht festkleben. Den restlichen Puderzucker mit der restlichen Speisestärke mischen und beiseitestellen.

2 / Die Hälfte des Wassers in die Schüssel der Küchenmaschine geben. Die Gelatine darüberstreuen.

3 / Das restliche Wasser mit Zucker, Glukose- oder Maissirup und Salz in einen kleinen Topf geben. Dabei soll kein Zucker an der Topfwand haften. Auf starker Hitze ohne Rühren auf 116 °C erhitzen. Nun die Küchenmaschine auf niedriger Stufe laufen lassen und zügig den Zuckersirup in die Schüssel gießen. Die Vanillepaste zugeben. Auf hohe Stufe umschalten und die Mischung 10–12 Minuten aufschlagen, bis sie eindickt und eine spritzfähige Konsistenz bekommt.

4 / Den Großteil der Masse in einen großen Spritzbeutel füllen und eine große Ecke abschneiden. Den Rest der Masse in einen kleinen Spritzbeutel füllen und eine kleine Ecke abschneiden.

5 / Zuerst mit dem großen Spritzbeutel Tupfen auf die vorbereiteten Backbleche spritzen. Die Seehunde sind an einem Ende breit und werden zum anderen Ende schmaler. Spritzen Sie ruhig Seehunde in verschiedenen Größen. Danach mit dem kleinen Spritzbeutel die Schnauzen anfügen. Anschließend mit einem angefeuchteten Finger die Spitzen glätten. Sie müssen zügig arbeiten, weil die Masse schnell fester wird. Falls das geschieht, verteilen Sie sie in einer gleichmäßigen Schicht auf einen eingeölten, mit Puderzucker und Speisestärke bestreuten Blech, und schneiden sie später in Würfel.

6 / Die restliche Puderzucker-Speisestärke-Mischung über die Seehunde sieben. Die Seehunde mindestens 4 Stunden trocknen lassen.

7 / Für das Iglu zuerst die Schokolade temperieren. (Candy Melts können Sie einfach hacken und in Intervallen in der Mikrowelle schmelzen. Zwischendurch umrühren.) Eine saubere, trockene, hitzebeständige Schüssel auf einen Topf mit leicht köchelndem Wasser stellen. Der Schüsselboden darf das Wasser nicht berühren. Drei Viertel der gehackten Schokolade in die Schüssel geben. Das restliche Viertel vorerst beiseitestellen. Die Schokolade unter Rühren auf 43 °C erhitzen und schmelzen. Sie darf nicht mit dem Wasser in Berührung kommen, sonst wird sie unbrauchbar. Am besten die Schokolade vom Herd nehmen, kurz bevor die gewünschte Temperatur erreicht ist, denn die Temperatur steigt am Ende sehr schnell an, weil die Schüssel heiß wird.
Die restliche Schokolade in die Schüssel geben und unter Rühren auflösen. Jetzt kann die weiße Lebensmittelfarbe zugegeben werden. Weiße Schokolade ist normalerweise gelblich, aber das Iglu soll möglichst schneeweiß sein. Weiterrühren, bis die Temperatur auf 28–29 °C abgesunken ist. Eine saubere Halbkugelform aus Metall oder Silikon mit der Schokolade ausgießen und 10 Minuten zum Festwerden ins Gefrierfach stellen.

Schritt 8 ▼

Schritt 10 ▼

Schritt 9 ▼

8 / Die erstarrte Schokolade löst sich leicht aus der Form. Für den Eingang des Iglus ein Stück des Schokoladenrands herausbrechen.

9 / Die Seehunde dekorieren. Die Seiten mit einer Schere einschneiden, sodass Brustflossen (Ärmchen) entstehen. Die Gesichter mit schwarzer Lebensmittelfarbe aufmalen. Einige Seehunde in den Eingang des Iglus setzen, die übrigen davor anordnen.

10 / Falls nötig, die restliche weiße Schokolade nochmals erwärmen, damit sie spritzfähig wird. Linien auf das Iglu spritzen, um die Fugen der Eisblöcke anzudeuten. Sie können das Iglu nun servieren. Wenn es noch üppiger sein soll, bereiten Sie dazu eine Crème anglaise (Englische Creme) zu.

Tipp: Wenn Sie Schwierigkeiten haben, die Linien mit der weißen Schokolade zu spritzen, können Sie auch Zuckerglasur (Seite 16) verwenden.

CRÈME ANGLAISE

Sahne, Milch und Vanillepaste in einem kleinen Topf bis an den Siedepunkt erhitzen. Eigelbe und Zucker in einer Schüssel aufschlagen. Langsam unter ständigem Rühren die heiße Vanillemilch zur Eiermischung gießen. Die Creme wieder in den Topf geben und vorsichtig erhitzen, bis sie eindickt und an der Rückseite eines Kochlöffels haftet.

Vegane Alternative

SEEHUNDE

60 g Puderzucker
60 g Speisestärke
150 ml Wasser
1½ TL Agar-Agar (Pulver)
150 g Zucker
75 g Glukosesirup
1 Prise Salz
75 ml Aquafaba
⅛ TL Weinstein
¾ TL Xanthan
1 TL Vanillepaste oder Vanilleextrakt

1 / Wie in Schritt 1 des Hauptrezepts vorgehen. Die Hälfte des Wassers mit Agar-Agar in einen kleinen Topf geben. Rühren, bis das Agar-Agar aufgelöst ist. Beiseitestellen.

2 / Zucker, Glukosesirup, Salz und das restliche Wasser in einem anderen Topf auf hoher Stufe ohne Rühren auf 118 °C erhitzen. Aquafaba, Weinstein und Xanthan in der Küchenmaschine steif schlagen, zwischendurch die Vanillepaste zugeben. Die Mischung muss steif sein, wenn der Zuckersirup die gewünschte Temperatur erreicht hat.

Tipp: Falls nötig, können Sie den Mixer langsamer laufen lassen, aber nicht ganz ausschalten.

3 / Den heißen Zuckersirup bei langsam laufendem Motor zur Aquafaba-Mischung gießen. Wenn er untergerührt ist, die Masse auf hoher Stufe weiter aufschlagen.

4 / Inzwischen die Agar-Agar-Mischung zum Kochen bringen. Etwa 1 Minute kochen, bis die Mischung eindickt. Bei langsam laufendem Motor in die Küchenmaschine gießen, dann die Mischung auf hoher Stufe weitere 12 Minuten schlagen, bis sie eine spritzfähige Konsistenz hat. Wie in Schritt 4–10 des Hauptrezepts fortfahren. Für das Iglu vegane Schokolade verwenden.

VEGANE CRÈME ANGLAISE

50 ml Pflanzendrink nach Wahl in einer kleinen Schüssel mit Speisestärke und Kurkuma verrühren. Restlichen Pflanzendrink, Kokosmilch, Vanillepaste und Zucker in einen kleinen Topf geben. Die angerührte Speisestärke unterrühren. Auf mittlerer Stufe erhitzen, bis die Creme eindickt, dabei häufig rühren, damit sich keine Klümpchen bilden. Die Creme soll so fest sein, dass sie an der Rückseite eines Löffels haftet.

Polarfuchs-Doppelkekse

Wenn man aus Plätzchen die Mitte heraussticht, gibt es für diese Stücke meist keine Verwendung – außer den Teig neu auszurollen. Das ist hier anders, denn aus dem »Verschnitt« werden Ohren und Schwanz der süßen Polarfüchse geschnitten. Dafür muss man allerdings der Versuchung widerstehen, die Mittelstücke zu naschen.

ERGIBT 12 STÜCK

ORANGENBLÜTEN-GANACHE
160g Sahne mit hohem Fettgehalt
1¼ EL Speisestärke
70g Zucker
3½ EL Orangenblütenwasser
100g weiße Schokolade, fein gehackt
100g Butter, gewürfelt
weiße Lebensmittelfarbe (nach Belieben, damit die Ganache schneeweiß wird)

MÜRBETEIG
200g gesalzene Butter, zimmerwarm
85g Zucker
weiße Lebensmittelfarbe
220g Mehl, plus etwas mehr für die Arbeitsfläche
50g Speisestärke

EXTRAS
½ Rezeptmenge Zuckerglasur (Seite 16)
schwarze Lebensmittelfarbe
Puderzucker zum Bestäuben
Fondant in Grün, Rot, Blau und Weiß

Schritt 6 ▲

1 / Für die Orangenblüten-Ganache 2 Esslöffel von der Sahne in einer kleinen Schüssel mit der Speisestärke verrühren. Die restliche Sahne mit dem Zucker und 2 Esslöffel Orangenblütenwasser in einen Topf geben. Die Stärkemischung zugeben und bei schwacher Hitze unter ständigem Rühren erhitzen, bis die Mischung eindickt. Vom Herd nehmen, die weiße Schokolade zufügen und rühren, bis sie geschmolzen ist. Die Butter würfelweise zugeben und jeweils gut unterrühren, dann das restliche Orangenblütenwasser und die weiße Lebensmittelfarbe, falls verwendet, einrühren. Die Creme in eine Schüssel füllen, mit Frischhaltefolie abdecken und 1–2 Stunden in den Kühlschrank stellen, bis sie streichfähig ist.

Tipp: Wenn die Creme gerinnt, kann man sie auf niedriger Stufe unter ständigem Rühren sanft erhitzen und wieder glattrühren.

2 / Zwei Backbleche, die in den Kühlschrank passen, mit Backpapier belegen. Für den Teig Butter und Zucker in einer großen Schüssel schaumig schlagen. Etwas weiße Lebensmittelfarbe zugeben, dann Mehl und Speisestärke kurz untermischen. Der Teig ist weich und etwas klebrig, lässt sich aber gut verarbeiten. Falls nötig, kann er in Frischhaltefolie gewickelt und 10–15 Minuten gekühlt werden, damit er sich besser ausrollen lässt.

3 / Den Teig auf einer gut bemehlten Arbeitsfläche 3 mm dick ausrollen. 24 Kreise (7 cm Durchmesser) ausstechen und auf eins der vorbereiteten Backbleche legen. Aus der Hälfte der Plätzchen im unteren Drittel einen kleineren Kreis (4 cm Durchmesser) ausstechen. Die kleinen Kreise auf das zweite Backblech legen. Sie werden ebenfalls gebacken und für die Dekoration verwendet.

4 / Die Plätzchen 15 Minuten in den Kühlschrank stellen, inzwischen den Backofen auf 160 °C vorheizen.

5 / Die Plätzchen 10–15 Minuten backen, bis die Ränder gerade Farbe annehmen. 10 Minuten auf dem Backblech abkühlen lassen, dann zum vollständigen Abkühlen auf ein Küchengitter legen.

6 / Wenn die Plätzchen kalt sind, die kleinen Kreise halbieren. Jeweils eine Hälfte nochmals halbieren.

7 / Jeweils eine Schicht Ganache auf ein geschlossenes Plätzchen spritzen. Die Viertelkreise als Ohren in die Creme drücken, den Halbkreis als Schwanz, dann ein Plätzchen mit Loch aufdrücken.

8 / Zuckerglasur anrühren und mit Lebensmittelfarbe schwarz einfärben. In einen kleinen Spritzbeutel füllen und eine winzige Spitze abschneiden. Gesichter und weitere Details aufspritzen.

9 / Wer möchte, kann die Füchse noch mit Blättern oder Schneeflocken aus Fondant verzieren. Dafür die Arbeitsfläche mit Puderzucker bestäuben, den Fondant dünn ausrollen und die Formen ausstechen. Die Dekorationen mit Resten der Zuckerglasur auf die Füchse kleben. Die Blätter können zusätzlich mit winzigen roten Kugeln aus rotem Fondant verziert werden.

Schritt 7 ▲

Schritt 8 ▲

Eulen-Apfeltörtchen

Diese kleinen Apfeltörtchen in Eulenform sehen einfach bezaubernd aus. Am besten schmecken sie lauwarm mit einer sahnigen Vanillesauce – vielleicht gemütlich mit einer Wolldecke auf dem Sofa?

ERGIBT 12 STÜCK

APFELFÜLLUNG
2 EL gesalzene Butter
2½ EL Honig
500 g Äpfel, gewürfelt
1 TL gemahlener Zimt
1 TL Vanillepaste oder Vanilleextrakt

TEIG
200 g gesalzene Butter, zimmerwarm, plus etwas mehr für die Formen
300 g Mehl (oder glutenfreies Mehl mit ¾ TL Xanthan), plus etwas mehr zum Arbeiten
55 g Zucker
1 kleines Ei, verquirlt

ZUM DEKORIEREN
genug Mandelblättchen, um die unteren Hälften der Törtchen zu bedecken
8–10 ganze Pekannusskerne
3 EL Puderzucker (nach Belieben)
24 weiße Schokoladentaler
24 dunkle Schokoladentaler oder Chocolate Chips (alternativ die Taler mit geschmolzener weißer und dunkler Schokolade spritzen)
Schlagsahne oder Vanillesauce zum Servieren

1 / Für die Apfelfüllung Butter und Honig in einer Pfanne zerlassen. Die gewürfelten Äpfel zugeben und in der süßen Butter wenden. Die Gewürze zufügen und unterrühren. Bei schwacher bis mittlerer Hitze unter gelegentlichem Rühren etwa 10 Minuten garen, bis keine Flüssigkeit mehr zu sehen ist (die Äpfel sollen weich, aber noch stückig sein). Abkühlen lassen.

2 / Ein 12er-Muffinblech mit Butter einfetten. Das Mehl (oder glutenfreies Mehl und Xanthan) in eine große Schüssel geben. Die Butter in Flöckchen zum Mehl geben und alles zügig mit den Händen zu einer fein-bröseligen Mischung verarbeiten. Den Zucker unterrühren. 2 Esslöffel Ei zur Teigmischung geben und glattrühren. Danach den Teig mit den Händen zur Kugel formen.

3 / Den Teig auf einer gut bemehlten Arbeitsfläche möglichst dünn ausrollen. 12 Kreise ausstechen, diese in die Vertiefungen des Muffinblechs legen und leicht an Boden und Rand andrücken. Die Böden 2–3 Mal mit einer Gabel einstechen. 20 Minuten in den Kühlschrank stellen. Den Backofen auf 180 °C vorheizen.

4 / Auf jeden Teigboden etwas Apfelfüllung geben. 12 kleinere Kreise aus dem Teig ausstechen und als Deckel auf die Küchlein legen. Mit verquirltem Ei (vom Teig ist noch etwas übrig) einpinseln, dann die untere Hälfte mit Mandelblättchen schuppenförmig belegen. Pekannüsse in schmalere Stücke schneiden und als Schnäbel und Augenbrauen auf die Küchlein legen und leicht andrücken. Auf Höhe der Augen zwei Schlitze in den Teigdeckel schneiden, damit beim Backen Dampf einweichen kann. Die Augen selbst werden erst nach dem Backen angebracht.

5 / 20 Minuten goldbraun backen. 10–15 Minuten in den Formen abkühlen lassen, dann auf ein Küchengitter setzen und weiter abkühlen lassen.

6 / Die abgekühlten Küchlein dekorieren. Als »Klebstoff« etwas Zuckerguss (Puderzucker und wenige Tropfen Wasser) anrühren oder geschmolzene Schokolade verwenden. Als Augen weiße und schwarze Schokotaler befestigen. Mit Schlagsahne oder Vanillesauce (oder Crème anglaise von Seite 112/116) servieren.

Register

Dank

Ich möchte allen danken, die direkt oder indirekt zu diesen Buch beigetragen haben.

Da ist an erster Stelle Nabil zu nennen, mein Partner und bester Freund, der mich immer unterstützt hat. Er ist mein bester Vorkoster und inzwischen auch ein ziemlich guter Bäcker. Danke an unsere beiden Katzen Inki und Mochi, die jeden unaufmerksamen Moment abpassten, um Sahne oder Butter zu stibitzen, und die mich beharrlich ablenkten, wenn meine Plätzchen nicht wie Katzen aussahen.

Danke an meine Mutter, an Kenneth, Kevan, Julian, Crystal, Callum, Aiden und Jonny, Lydia und Omer. Danke an Tante Audrey, Tante Sandra, Onkel Yan Teo und den Rest der Familie in aller Welt.

Danke an das Team bei Quadrille für die – wieder einmal – großartige Zusammenarbeit, vor allem an Celine Hughes für ihr Vertrauen und an Alicia House für das gelungene Layout. Danke an Ellis Parrinder für die schönen Fotos, die mein Gebäck immer im besten Licht präsentieren. Danke an Sarah Hardy, die beste Küchenhelferin der Welt, und an Charlie Phillips für die tollen Requisiten. Es war eine Freude, mit euch zu arbeiten, und dabei hat es sich gar nicht wie Arbeit angefühlt. Danke an Vivienne Gore, die mir geholfen hat, mein zweites Buch zu veröffentlichen. Ich hatte das erste kaum für möglich gehalten, geschweige denn ein zweites!

Danke an meine großartigen Freunde. Ich wüsste nicht, wo ich ohne euch wäre: EJ und JJ (und Hercules!), Sian, Charlotte und Simon (und natürlich Sinda und Otis). EJ und JJ – danke für die Späße. Sian – danke für Backrezepte aus Wales. Simon und Charlotte – danke, dass ihr mich ab und zu aus der Küche entführt habt, um Mario Kart zu spielen (ich führe immer noch, ätsch!)

Danke an alle bei Love Productions, die mir die Chance zur Teilnahme am *Bake Off* gegeben und damit neue Perspektiven eröffnet haben. Danke an meine *Bake Off*-Familie und alle, die ich durch das Backen kennengelernt habe.

Danke an Linda van den Berg (für die bezaubernden Illustrationen), an Danni Hooker (für Haarstyling und Make-up), an Mary Kate McDevitt (für die Covergestaltung) und an das Team bei Travelling Man.

Danke an Aaron Copping, Abigail Jill Harding, Alex Few, Alicia Hazzard, Amy Bellwood, Anna Appleby, Biserka Stringer-Horne, Chip und Kim, Chloe Green, Dan Corbridge, Diane und Len Marlow, Esther und James, Gemma Hartshorn, Gerry Taylor, Holly Homsi, Ian Salmon, Ivan Salazar, James und Helen, Jimmy Aquino, Jules Raffensperger, Lisa, Darren und Iona, Luke Cridland, Maeve Bargman, Martha Limburg, Martha und Gloria, Mark, Jenny, Lottie und Grayson, Matt und Frank, Matt Taylor, Rachel Dawson, Renée Senogles, Rick Meeson, Richard Starkings, Sam Butt, Sarah und Alan, Sarah und Chris, Steve Emmott, Tracy und Dan, und an die ganze Familie James: Pippa, Sammie, Millie, Paul und Andrea.

Danke an alle, die mir freundliche oder ermutigende Worte gesagt oder mich etwas gelehrt haben. Ihr alle habt dazu beigetragen, dass dieses Buch entstehen konnte.

Für die deutsche Ausgabe:
PROGRAMMLEITUNG Monika Schlitzer
REDAKTIONSLEITUNG Anne Heinel
PROJEKTBETREUUNG Julia Sommer
HERSTELLUNGSLEITUNG Dorothee Whittaker
HERSTELLUNGSKOORDINATION Arnika Marx
HERSTELLUNG Evely Xie

ÜBERSETZUNG Wiebke Krabbe
LEKTORAT Anna Gülicher-Loll

Titel der englischen Originalausgabe: Christmas with Kim-Joy

Der Originaltitel erschien 2020 in Großbritannien bei Quadrille, ein Imprint von Hardie Grant Publishing.

ISBN 978-3-8310-4275-3

DRUCK UND BINDUNG Leo Paper Products, China

MIX
Paper from responsible sources
FSC™ C020056

WWW.DK-VERLAG.DE